青春期，女孩保护自己的关键

宗远 ◎ 编著

中国纺织出版社有限公司

内 容 提 要

有不少女孩对青春期的到来感到畏惧，身体的变化、情绪的起伏、懵懂的情感，让女孩内心波澜不断。她们开始思考自己与他人的不同，开始注意自己的言行和外貌，开始渴望得到关注。

本书旨在为青春期女孩提供心灵指导，从女孩的身体变化、心理变化等多方面对女孩子可能遇到的烦恼进行梳理，帮助女孩远离自卑、焦虑等情绪，并且指导女孩正确的社交方式，提升防范意识，能够安心、安全地度过青春期。

图书在版编目（CIP）数据

青春期，女孩保护自己的关键 / 宗远编著.---北京：中国纺织出版社有限公司，2024.4
ISBN 978-7-5229-0728-4

Ⅰ.①青… Ⅱ.①宗… Ⅲ.①女性—青春期—安全教育 Ⅳ.①X956

中国国家版本馆CIP数据核字（2023）第123870号

责任编辑：刘桐妍　　责任校对：高　涵　　责任印制：储志伟

中国纺织出版社有限公司出版发行
地址：北京市朝阳区百子湾东里A407号楼　邮政编码：100124
销售电话：010—67004422　传真：010—87155801
http://www.c-textilep.com
中国纺织出版社天猫旗舰店
官方微博 http://weibo.com/2119887771
三河市延风印装有限公司印刷　各地新华书店经销
2024年4月第1版第1次印刷
开本：710×1000　1/16　印张：13
字数：125千字　定价：49.80元

凡购本书，如有缺页、倒页、脱页，由本社图书营销中心调换对自己的了解，破解青春期的神秘，从而帮助自己解决困惑、疏导心情，让自己的青春期少些阴霾，多些快乐如意。所以，女孩儿们，大胆地迎接青春期并去经历、去感受、去战胜自己吧，去展现自己生命的美丽吧！

本书从身体发育、心灵成长、人际变化等方面，给女孩子提供了一些成长必知的常识，希望可以帮助女孩更清晰地了解青春期的状况、梳理青春期的烦恼心事、解除内心的困惑，帮助青春期的女孩找到方向，进而以乐观的心态去迎接以后的人生！

编著者

2023年12月

前言 PREFACE

女孩们是怎么发现自己进入青春期了呢？是胸部的鼓胀、月经的初潮还是脸上时而冒出的青春痘呢？进入了青春期，你的烦恼是否也多了起来呢？从前的你，从来不会为皮肤问题而困扰，也不会因为喜欢某个男孩而感到不好意思，不用穿保护乳房的内衣，也不会时而开心时而低落，情绪的快速变化让自己都有些摸不透。女孩，别害怕，这些都是青春期的正常现象，每个女孩都会经历这些，只要你了解一些青春期知识，就能够从容应对这些情况，顺利解决自己的问题。

青春期是女孩人生的第二个重要阶段，是女孩向成熟女人转变的时期，这需要一个过程，但跨过了青春期的门槛，女孩们便可以破茧成蝶，长成婀娜多姿的大姑娘。青春期会有艰辛和困惑，也会有解决问题的过程，更会有痛苦和挣扎，这就是成长的代价。

青春期被称为女孩的"花季"，因为此时的女孩最美丽娇艳、朝气蓬勃，但是青春期也被人们称为"雨季"，说明青春期并不总是阳光照耀，也会有阴霾和雨天。所以女孩们在成长的新奇体验中，也要更多地关注自己的变化和周围的环境，让自己健康、安全地成长，尽量远离会让自己受到伤害的事物。更不要受他人诱惑，做出一些无法挽回的错误举动。

女孩要有自我保护的意识，有自己解决问题的能力，有守住做人底线的决心，更要有把握本心不迷失的定力。每个女孩都要学习青春期的常识，加深

目录 CONTENTS

第 01 章
小心提防陌生人，不贪心就不受骗

陌生人的车不要上	003
自己在家，不给陌生人开门	006
不要轻易相信陌生人	008
别让陌生人送你回家	011
来路不明的食物不入口	014

第 02 章
识别网络骗局，远离网络陷阱

别把个人信息全部透露到网上	019
和网友见面做好安全防范	022
校园贷是一个大火坑	025
提高警惕性，网络犯罪可能就在你身边	028
各种网络陷阱如何应对	031
要多了解交网友的危险性	034

第 03 章
做个快乐的女孩，别让青春期被阴霾笼罩

学会控制自己的不良情绪	039
友情是青春最好的收获	042
大大方方的女孩更让人喜欢	045
别被嫉妒之火点燃	048
要心胸开阔，别被小事纠缠	051
做真实的自己，不被虚荣控制	054

第 04 章
青春期女孩，你要有自我保护的意识

意外发生时先让自己冷静下来	059
生命永远是最重要的	062
提升自我保护意识，比学习保护技巧更重要	065
不要让自己走入安全禁区	068
坦然拒绝，保护自己的合法权益	071
和身边的人一起进行安全练习	074

第 05 章
女孩要提升防范意识，机智应对"大灰狼"

从正规渠道了解性知识	081
举止得体，才能获得他人尊重	084
女孩可以学点防身技巧	087
不与亲人以外的任何异性单独相处	090
对于性要求要坚决拒绝	093
学会机智应对色狼的方法	096

第 06 章
青春懵懂情伊始，把握本心不迷失

拒绝异性示好的方法	101
离家出走是最不聪明的举动	104
女孩的初吻不草率	107
女孩要在男女关系中保护好自己	110
追星要适度，别失去自我	113
保护好自己，远离性侵害	116

目录

第 07 章
女孩偶遇突发情况，冷静处理不要慌张

遇到坏人先冷静，不要激怒对方　　121
了解并远离传销组织　　124
迷途知返，不要让悲剧延续　　126
贪小便宜吃大亏　　129
遇到困难，第一时间向父母和老师求助　　132
如何应对被抢劫的情况　　135

第 08 章
做心灵剔透的女孩，不被周围假象蒙蔽

眼见不一定为实，判断需多用心　　141
真正的朋友是经得起时间的考验的　　144
学会初次见面的识人技巧　　147
人们往往容易被第一印象欺骗　　150
心灵通透，能够识别他人谎言　　153

第 09 章
拥有自我保护能力，快乐安心地度过校园时光

不在任何同学家中留宿　　159
了解校园霸凌　　162
警惕道德败坏的老师　　165
女孩风头过甚，容易招来祸患　　169
正确认识友情与爱情　　172
小心那些无事献殷勤的人　　175

第 10 章 守住做人的底线，别被社会不良风气浸染

青春期女孩不要混迹娱乐场所	181
不要随便接受陌生人的搭讪	184
不参与没有亲人陪同的野外徒步	187
搭乘出租车时做好安全防范	190
面对同龄男孩也要小心	193
女孩面对异性的追求要擦亮双眼	195
参考文献	198

第01章

小心提防陌生人,不贪心就不受骗

有人说,社会上的陌生人太危险,所以人们之间越来越冷漠。有人说,世界需要温暖,陌生人之间的相处也需要爱心的传递。而我说,"人之初,性本善"。任何社会关系的形成都是人类各式活动展开的结果,你充满善意,世界就会充满爱;你若充满恶意,世界就会变成冰冷的所在。但面对陌生人,我们仍旧需要保持谨慎态度,拒绝诱惑才能不上当。

陌生人的车不要上

在很久很久以前，有一个叫小红帽的女孩。她有一个很疼爱她的外婆。有一天，妈妈做好了蛋糕和红酒让小红帽拿给外婆一起分享。妈妈叮嘱小红帽："外婆生病了，身体很虚弱，吃了这些东西就会好一点。你趁着天黑之前赶快给外婆送过去，不要离开大路，更不要在路上逗留，送完了就立刻回家，知道吗？"看到这里，你以为这是我们小时候听说过的那个童话故事《小红帽》吗？不，亲爱的姑娘，我要告诉你的是这个故事的升级版。

小红帽在路上遇到了大灰狼，大灰狼哀嚎一声假装晕倒在小红帽的面前，善良的小红帽赶忙跑上前去询问大灰狼："大灰狼你怎么了？""我已经连续饿了三天了，你看我眼睛都已经饿绿了，善良的孩子，你可以给我一点吃的吗？"大灰狼紧紧握住小红帽的手，虚弱地说道。"我这里有带给外婆的蛋糕和红酒，你吃吧。"善良的小红帽从篮子里拿出了蛋糕递给大灰狼。"不行呀，这是你妈妈让你带给外婆的，我不能吃，我实在是没有力气走路了，你能不能去那边的树林里采一点蘑菇给我吃呀？"大灰狼泪眼婆婆地看着小红帽。"可是，我妈妈不让我离开大路……"小红帽犹豫道。"善良的姑娘，求求你救救我吧，我就要饿死了。"大灰狼抽泣着趴在小红帽的肩上。"好吧，你在这里等我一下，我马上就回来。"然后，不出意料，小红帽被大灰狼吃掉了。

其实，只要仔细观察，小红帽就能发现其中的几个疑点：第一，大灰狼的眼睛本来就是绿的，并不能由眼睛是否变绿判断大灰狼是否饿坏了；第二，狼是不吃素的，试想一下，如果大灰狼可以吃蘑菇，为什么它不能吃旁边的青草呢？第三，既然已经饿到没有力气走路，快要失去生命了，必定是饥不择食的，大灰狼还有心情挑食，说明还没饿到那个程度。那么，面对如此明显的漏洞，小红帽却毫无察觉，并为此付出了生命的代价。亲爱的姑娘，你觉得是小红帽蠢吗？没错，但更多的时候，我们会认为这是善良。

亲爱的姑娘，生活中的很多骗局其实也是这样，你用你善良、纯真的本心去对待你在路上遇到的每一个"求助"，你希望你可以尽自己的微薄力量帮助到每一个需要帮助的人。亲爱的，这本是没有错的，但是你要记住，这个社会中就是存在个别"败类"，他们偏偏利用你的这份善良，想要你的性命。毕竟，在"大灰狼"的眼里，你只是一块"肉"而已。

有一则这样的新闻，曾引起了社会的广泛关注：2018年2月13日，山西大同浑源男子以汽车刹车有问题为由，将17岁女孩骗至车内帮忙，随后将其强奸杀害。2月22日，山西省大同市浑源县公安局官网发布通报称，案件已经告破了，嫌犯杨某已经被刑事拘留。但是，再严厉的惩罚也换不回来17岁女孩的生命了。新闻中的杨某在驱车回家的路上，看到17岁的张某独自走在路上，心生歹意，于是就以刹车有问题为借口将张某骗到车里帮忙。随后，杨某在车里将其强奸杀害。傻姑娘，汽车刹车有问题，正常人的第一反应必定是找专业人士寻求帮助或者报警，你能帮上什么忙？除非你正好是汽修专业毕业。而即便你能帮忙，也要多留一个心眼，不要让自己在一个充满危险的封闭空间里面独自面对比你强壮的异性。

亲爱的姑娘，很小的时候，我们的父母就告诉我们不要轻易相信陌生人，不要跟陌生人说话，不要吃陌生人给的东西；现在，我们的社会更告诉我们不要轻易上陌生人的车。年幼时我们能够轻松识破父母伪装成陌生人用各种诱惑对我们进行的试探，那时我们虽年幼懵懂却没有上当，为什么越长大却越容易受骗了呢？亲爱的姑娘，在你觉得自己已经长大的时候，其实你还没有真正成熟。很多的突发情况、世界的丑恶嘴脸你还没有经历完全。所以，千万不要认为自己已经足够成熟就盲目地利用自己的善心去帮助别人。请你记住，真正需要帮助的人只会去寻找真的能够给他提供帮助的人，绝不会胡乱寻求一个小姑娘帮忙。如果有看似比你阅历丰富很多的人向你寻求帮助，请果断拒绝，告诉他去找警察、找专业人士。很多事情真的并没有你想象中的那么单纯。

亲爱的姑娘，你还能有机会看到这篇文章，今后可以加以防备，但那些不幸遇难的姑娘连说出来警示后人的机会都没有了。因此，亲爱的姑娘，请你学会保护好自己，时刻保持警惕。虽然这个世界并不是一片黑暗，的确存在一些美好，但是也请你记住，光芒与阴影总是并存的，当你看到无限光芒的时候，不要忘记这光芒的背后有可能是你想象不到的阴影。

自己在家，不给陌生人开门

都说"家是温暖的港湾"，无论我们在外面遭遇了什么样的委屈、挫折，家永远是我们能够想到的第一个避难所。但是，亲爱的姑娘，犯罪分子永远都比我们想象中的更加无处不在，即便在家中，我们也需要做好安全防护。就像很多时候，我们没有办法去辨别每一个"人渣"，所以只有让自己变得更聪明，才能尽力避免遭遇这些事情。独自在家的时候也是这样，没有家人的陪伴，我们更加需要守好人生中的安全大门。

网络上的一则新闻视频看得人们十分愤怒：在深圳宝安区的一栋出租楼里面，一名穿着短袖的中年男子正在强拽一名女孩进自己的房内，欲行不轨。女孩奋力反抗，极力挣扎并大声呼救。万幸的是，正当危急关头，从外面回来的另一名女孩听到了呼救声，立刻拿出电话报警，接警后，民警迅速赶到现场将男子抓获，最终算是有惊无险。该男子因涉嫌强奸未遂已被刑事拘留。这一段视频不禁让我想起了发生在福建某栋楼内的惊险一幕，相似的情况，同样地骇人听闻：2017年8月7日，一名陌生男子走到一名王姓女孩的门口，男子声称自己的门卡丢了，无法下楼，想请王小姐帮忙开一下门。结果，当王小姐打开房门之后，男子突然用力将王小姐往房间里推，欲行不轨。王小姐拼死抵抗，多次试图夺门而逃，但是都被该男子拽了回去。万幸的是，在双方僵持了约90

秒之后，房东老太太听到声音赶上前来，喝止了该男子。最后，该男子迅速逃离了现场，惊魂未定的王小姐也在第一时间选择了报警……

以上的两则新闻都让人毛骨悚然，实在难以想象，在城市中这个为自己遮风挡雨的家的门口，还会遇到心怀不轨的歹徒。毕竟，在现在这个讲求男女平等、女性越来越独立的社会，租房独居是大部分女孩都会经历的一个人生阶段；独自在大城市打拼时，面对高昂的房价，租房居住也是大部分女孩无可奈何的一种选择。因此，亲爱的姑娘，如果你也正处在这样的人生阶段，那就请自己学会保护好自己。避免这些上门入室的犯罪分子，我们最好的防备就是不要给陌生人开门，守好自己的安全大门。有陌生人敲门的时候，一定请先从监控或者猫眼里面看清楚来人是谁，并确认好周围环境足够安全之后再打开房门。

那么，亲爱的姑娘，如果很不幸，你遭遇了这种突然的袭击，我们应该怎么做才能最大限度地保护好自己呢？首先，我们需要保持足够的冷静。唯有冷静下来，在遇到突发情况的时候，我们才有可能尽可能快地想到让自己脱离危险的方法。其次，我们要勇敢机智，有人经过，有机会解救我们的时候更要大声呼喊，必要时，可以呼喊"着火啦"这类容易引起大众警觉的求助词语。并且，我们要学会利用身边一切可能的工具进行正当防卫，平时也可以学习一些防身术。亲爱的姑娘，生命安全是一切的前提和基础，我们需要学会在保证自身安全的前提下进行有效的求救和自救。最后，最为重要的是，亲爱的姑娘，如果你不幸遇袭，一定要在第一时间选择报警。如果不幸被侵犯，一定不要觉得羞耻，立刻报警并保留下必要的证据，以协助警察尽快抓到侵犯你的歹徒，让他受到应有的惩罚。亲爱的姑娘，你要知道，对歹徒恶劣行为的容忍等同于默认和纵容，等于放任他再去伤害其他的人，而你自己在选择沉默的同时也会给自己带来无法释怀的痛苦。

不要轻易相信陌生人

听身边的朋友讲过这样一个故事：

读大学的时候，有一天晚上，他和女友因为某件事情正在冷战。于是，两人就像陌生人一样走在路上，间隔有五六米的样子。突然间有一个同龄的姑娘出现在他女友的身边，抓着她的胳膊神色紧张地求救，说后面有两个人一直跟着她。女友向后看了一眼，果然有两个中年男子骑着自行车在后面慢悠悠地跟着。女友明显被吓到了，全然不顾刚刚还在冷战，立刻靠过去抓着朋友的胳膊问怎么办。朋友其实也不知道要怎么办，但还是故作镇定地安慰她们："没事，前面就是学校的保安亭，我们一起往那边走，保安一定能够保护我们。"但这时那个求助的女孩却声泪俱下地说："我不是这个学校的学生，不能去学校保安亭。后面那两个人有我的把柄，我想摆脱他们跑掉，求求你们救救我。"这时，朋友内心已经镇定了不少，就问她："你要我们怎么帮助你呢？"女孩说出了一个地名，请他们将她带到那里去。碰巧的是，朋友刚刚组织过学校的一项活动，对那个地方很是熟悉，那边是一个不太繁华甚至可以说得上偏僻的地方，为什么这个女孩非要到那边去？到了偏僻的地方不是更没有人可以保护她吗？朋友越想越不对劲，甚至想到这个女孩会不会跟那两个男人是一伙的。

这时，女友用近乎恳求的语气对他说："你看她这么可怜，我们帮帮她吧。"女友的话一下子惊醒了朋友，一开始这个女孩直接找的是他的女友，所以女友才是他们的"猎物"，他们是想要利用女友的同情心把她忽悠到一个偏僻的地方再下手。朋友虽然无法确定这件事情是否是他想的那样，但是还是决定首先确保自己和女友的安全。于是朋友拿出手机直接拨打了110报警。女孩看到朋友拿出手机报警，立刻说前面有她的一个朋友在等她，借口跑了。第二个星期，学校的公告栏里出现了一张寻人启事，说的是一个女生突然失踪的事情。

亲爱的姑娘，请你记住：成年男子不会向比他弱小的女人寻求帮助；健壮的青年不会向体弱的老人寻求帮助；年纪大的成年人不会去找一个小孩子帮忙。如果对方真的想要寻求帮助，那么他肯定会去寻找一个对他来说更有安全感或比他强的人。如果你身边明明有青壮年的男性，而他们却偏偏要向你求助，这里面一定是有问题的。另外，真正需要帮助的人一定不会挑三拣四。如果对方连钱都不要，而执意要去吃饭或者去某个地点，那一定也是有问题的。

亲爱的姑娘，请你记住：永远不要轻易地相信一个陌生人。请你永远牢记陌生人是这个世界上最危险的存在之一，并且他们不受年龄和性别的限制。亲爱的姑娘，当你仔细观察新闻中很多危险事故的时候，你会发现，犯罪分子往往就是利用人的同情心理来达到最终的目的。面对小孩、少女以及一些看似体弱的老人，很多人都会下意识地觉得他们并不具备危险性，因此疏于防备。但是亲爱的姑娘，不要忘记还有犯罪团伙的存在，事实证明，这种通过博取女孩对弱者的同情心进而行骗的手段是屡试不爽的。再者，亲爱的姑娘，你自己就属于弱势群体，当你自己本身就很需要别人保护的时候，你觉得别人为什么还会特意来寻求你的帮助呢？除了对你有所图谋，没有其他的解释。我们都听过这类新闻：有人看到河里有人溺水便不假思索地跳下去救人，结果不仅人没救上来，自己也失去了生命。亲爱的姑娘，帮助别人没有错，但是我们需要学会量力而为，在帮助别人的同时，我们首先要保护好自己。当你手无寸铁的时候就应该多点防备之心，当你身单力薄的时候就应该告诉自己要注意防范。这些都是现代女性生存的基本法则，请一定要牢记在心。

亲爱的姑娘，我们从小就被教育要善良，做一个善良的农夫，但是长大了，即便没有别人的警示，我们也要知道寻求我们保护的蛇本身是有多么凶狠。真正需要帮助的人是绝对不会在大街上死拽着你不放的，你可以很善良，但是请一定要把善良用在正确的对象上，守住自己的原则。请你记住：善良是建立在能够保全自我的基础之上的，当你善良过了头，只能是一种"缺心眼"的表现。

亲爱的姑娘，如果你感觉到自己正在一步步地迈入危险，就不要顾及任何的善心与所谓的情面，请当机立断地离开。否则你就会是羊入虎口，被骗色骗财都还算是比较轻的损失，失去生命才是最可怕的恶果。亲爱的姑娘，我们是要成为一个善良的人，但是善良过了头就会成愚善，被犯罪分子所利用。所以，请你不要愚善，就像王小波曾经说过的："我当然希望变得更善良，但是这种善良应该是我变得更聪明造成的，而不是相反。"

别让陌生人送你回家

她是一个桦南县普通家庭的孩子，同时她还是一名神圣的"白衣天使"；她本该和普通的17岁女孩一样青春活泼，但此刻却只能与这个世界永远告别；她只是出于好心去搀扶了一下"晕倒"的孕妇，却没想到会被残忍地先奸后杀；她以为她是向这个世界传达善意，却没想只会陷入一个蓄谋已久的阴谋。原本还有一个月就该开心庆祝18岁生日的小萱，此刻却已跟我们所有人告别，去了属于她的天堂。

因偷情被丈夫发现，桦南县孕妇谭某竟然想出了"找个女人给丈夫玩一玩"的计划。2013年7月24日，谭某利用路人对孕妇的特殊关照心理，故意在路边摔倒。路过的善良姑娘小萱看到后，毫不犹豫地将她扶了起来。谭某谎称自己不舒服，拜托小萱送她回家。毫无防备的小萱答应了，却没想到这导致了她和这个世界的永别。小萱送谭某回到家之后，谭某热情地给小萱倒了一杯含有安眠药成分的酸奶，以此感谢小萱的热心帮忙。不明就里的小萱喝完后，很快便失去了知觉。丈夫白某事后担心小萱会报警指认他们，竟残忍地用被子将小萱闷死了。

17岁的小萱是桦南县人民医院的实习护士。24日14时30分，小萱从医院步行前往小保利宾馆。临行前，小萱给朋友发微信说要给别人送东西。当天15时

15分，小萱给朋友发了一句："送一名孕妇阿姨，到她家了。"却未曾想，这句微信竟成了小萱对这世界的遗言。当天，小萱彻夜未归，家人和朋友四处寻找并向当地公安机关报了警。朋友们还通过微信、微博等公众平台发布寻人消息，希望能够尽快找到小萱的踪迹。26日，小萱离家未归已超48小时，警方立案并调取了小萱生前最后一次出现的街道的监控，发现小萱跟随一名孕妇走进了林业大院一栋家属楼后再也没有出来过。但小萱进入该楼3小时后，该孕妇与一名男子却拖着一个大旅行箱出楼，将旅行箱装入一辆红色轿车后开走了。警方根据这些信息，认定谭某和白某有着重大的犯罪嫌疑，于是对其进行了抓捕。谭某当时在家，见到警察后很快就招认了。27日，小萱的家人、朋友接到了公安机关送达的噩耗："小萱可能遇害了，犯罪嫌疑人之一的孕妇谭某已经被警方抓获，她已经交代了利用小萱的同情心将她骗至出租屋内，伙同丈夫白某将小萱先奸后杀的犯罪事实。"

"她才17岁，还有一个月就是她18岁的生日。她是想帮助他们，他们怎么忍心，怎么会下得去手……"听闻消息，小萱的家人、朋友悲痛欲绝。

无独有偶，2011年7月13日的晚上，在纽约布鲁克林区，一个年仅8岁的小男孩遇害。这个小男孩是向路过的陌生人问路，结果却惨遭毒手。男孩的父母为了锻炼他的独立性，曾与他约定好，让他在下午的夏令营活动结束之后自己背着背包去寻找他们。8日的时候，他们曾经带着儿子沿着那条路长跑，帮助儿子熟悉线路。11日的时候是他们第一次允许儿子独自沿着该线路回家。只是这一次，他们没有再等回他们心爱的宝贝……

亲爱的姑娘，永远不要低估人性的邪恶，这世间总是有你无法想象的惨剧，这世间也总是有你无法想象的邪恶。当然，这世上并不是所有的陌生人都是坏人，毕竟社会上的人本身就是由许多个我们并不熟悉的陌生人组成的，所以绝大多数的人对于我们来说都是陌生人。但是，你更无法否认的是，安全事故万一发生就是绝对的"一万"，没有任何重新再来一次的机会。因此，亲爱的姑娘，路上遇到任何求助的情况，如果自己没有同行的朋友，请拨打警察或者医院的电话，切勿羊入虎口，只身前往一个充满未知的陌生环境。尽管你不愿意相信，但是很多看似真实得令人无法质疑的情景都是人为制造的，总是会有犯罪分子为了取得你的信任煞费苦心，因为这背后的罪恶利益远超出你的想象。

亲爱的姑娘，如果没有足够多安全防护的技巧，我宁愿你不善良。因此，亲爱的姑娘，出门在外遇到陌生人求助的时候，我们可以提供帮助，但一定是要在确认自己安全的前提下。如果不能确保自身的安全，善良对于犯罪分子而言就只是可笑的软肋。

来路不明的食物不入口

亲爱的姑娘，所谓"知人知面不知心"，即便是再相熟的好友，你也无法得知他内心的真实想法，更不用说你身边那些不相熟的人，你可能永远都不知道他们会怀着什么样的居心。

曾有这样一则新闻：上海某日料店内的一段监控被人曝光，里面发生的事件让人不寒而栗。画面中，上海男子顾某和一名女孩正在一起吃饭，看上去就像是一对普通的情侣。但是让人没有想到的是，趁着女孩低下头去玩游戏的间隙，顾某竟然偷偷在女孩喝的饮料里面下药。而对面的女孩还浑然不觉，在打完游戏以后，将杯里的饮料一饮而尽。结果没过多久，女孩就出现了眩晕的症状，坐都无法坐稳，倒在了座位上。之后，顾某便将神志不清、连走路都不稳的女孩带到酒店的房间内实施了性侵！上海市宝山区人民检察院依法以涉嫌强奸罪对顾某批准逮捕。据顾某交代，两人并非是情侣关系，是一年前在地铁上搭讪认识的。其间两人多有来往，为了能有进一步的发展，顾某就想出了这样下流的手段。无独有偶，在朋友圈内流行一时的一段动图展示的就是国外一个女孩在参加户外音乐派对时，手机不经意间拍到的被身后男人下药的过程。其手段之自然、手法之迅速，简直让人防不胜防。

邻居曾经跟我分享了一段她自己的亲身经历：她刚刚到上海的时候被同

事喊着一起出去吃饭。那时的她刚刚入职新公司，为了和同事搞好关系，便爽快地答应了。等到约会的当天，她发现一共有8个人一起吃饭。其中，包括她和同事在内有4个人是女性，其他4个人是男性。而她只认识她的同事，同事也没有提前告知她那些人是什么朋友，只是告诉她有朋友聚会，邀请她一起去吃饭。当天请客的就是那4个陌生男人。开始的氛围很是融洽，大家都在互相寒暄聊天，她也没觉得有什么不对劲，然而她吃着吃着就不知道后面是怎么回事了。第二天醒来的时候发现自己身在一个陌生的酒店房间里，全身是伤，也不知道怎么回事，尤其膝盖处剧痛难忍。她的内心十分害怕也没有敢报警，后来悄悄询问她的同事，结果发现她们也都和自己一样，各自身上有着不同程度的伤，甚至有一个姑娘醒来时发现自己是在一座桥上。邻居生气地质问她的同事怎么这么不靠谱，搞不清楚情况就带她一同前去。同事后来才说那些人都只是她的网友，实际上并不相熟。可是最终四个姑娘竟没有一个选择报警。

因为那次的经历，邻居的膝盖经历了粉碎性骨折，直到现在都不能有任何磕碰。好几年的时间过去了，这事在她的心里却成了永远都过不去的坎儿。从那以后，她再也不跟任何人出去一起吃饭，再也不喝任何人打开的饮料，就算是认识的朋友打开的也不喝。邻居说，她怕是要留下一生的恐惧和阴影了。

亲爱的姑娘，面对陌生人的歹意，我们大多都能保持警惕。但生活中最容易让我们忽略的、更值得我们注意的就是这些半熟不熟的朋友以及他们的朋友。很多时候，我们可能都会出于这样或那样的原因而被迫进行社交应酬。但是，亲爱的姑娘，无论是出于什么目的，生命安全总是排在第一位的。任何情况下，我们都要学会保护自己的人身安全。或许你认为自己会足够幸运，幸运到这世间的任何一个不幸都不会发生在你的身上，但是，亲爱的姑娘，很多事情等到发生的时候就已经晚了，只有提前做好防备，我们才能真正避免这些事情发生。

所以，亲爱的姑娘，请你一定要拒绝来路不明的东西。就好比故事中的姑娘们，或是为了维护同事之间的面子，或是出于朋友之间的信任，却惨遭意外，以悲剧结尾。亲爱的姑娘，很多时候你考虑的可能是是否会伤害到别人的面子，恶人考虑的却是怎么才能达到他的下流目的。因此，不要吃任何不相熟的人给的食品或喝他们给的饮料。在外出就餐的时候，也要确保自己的食物和饮料始终处于自己的视线范围内，不要给有心之人留下可乘之机。如果你很不幸地遭遇到了意外，感觉到自己已经摄入了麻醉药物，这时一定要采取急救措施，可以通过大量喝水或催吐的方式使自己的麻醉症状得到缓解，并立刻想尽办法通知自己的家人或者可信赖的朋友。如果周围没有相熟之人，也一定要想尽办法向周围的公职人员寻求帮助，或向其他公众发出求救的信号。

第02章

识别网络骗局，远离网络陷阱

网络可以说是我们人类20世纪最伟大的发明之一。因为有了网络，我们的生活变得更加丰富多彩；因为有了网络，我们缩短了世界各地之间的沟通距离；因为有了网络，我们每天都能够了解到更多的行业资讯。但是，也正是因为有了网络，对于缺乏自制力、分辨力的一些群体来说，他们的人生也正在变得危机重重，并且危机发生得猝不及防。

第02章
识别网络骗局，远离网络陷阱

别把个人信息全部透露到网上

在这个大数据的时代，网络是传播信息最快速有效的途径。但不可否认的是，我们在享受网络带来的便利的同时，也不可避免地遭受到很多网络所带来的负面影响。在这个信息已经爆炸但免费的无线网络还没有完全覆盖的时代，外出在公共场合时，我们总是会习惯性地问"有Wi-Fi吗？"殊不知，很多罪犯也正是利用大众这种习惯作案，他们劫持公共网络或者设置假热点，欺骗受害者登录验证，继而盗取你的支付密码、社交账号等。

在"3·15"晚会上，360安全工程师模仿犯罪分子行为，伪装无线网络获取现场观众手机中的照片和其他重要的信息。现场观众用手机连上指定的无线网络，然后打开自己常用的一两个消费软件，浏览一下过去消费的记录。令人震惊的是，在现场的大屏幕上，立刻就显示出了各种地址、电话、姓名、身份证号码、银行卡号等私人信息。除此之外，骇人听闻的还有：犯罪分子可以利用无线网络监视并窃取上网用户的银行账户信息和密码，并通过给用户发送钓鱼网站弹窗，盗刷用户的信用卡、盗用用户的网银等。因此，亲爱的姑娘，请尽量避免在公共网络登录财务账户，一旦登录，你的所有账户信息就有可能被记录，你的银行卡余额很有可能在极短的时间内就被清空并且再也追不回来。

除此以外，收到陌生推销短信几乎已经成为我们的生活日常。但是，亲爱的姑娘，陌生短信中的那些链接千万不要轻易点开。很多时候，面对陌生个人号码的短信，可能我们还会有些警惕性，并不会轻易地上当受骗；但是，对于那些以10086或955等开头的看似是某些官方客服平台发送过来的短信我们就容易放松警惕，上当受骗。很多时候，这样的短信内容中都会包含一个所谓的兑换礼品的链接。受害者在收到短信以后，或是出于对银行等官方客服平台的信任，或是出于贪图小便宜的心理，会忍不住点开里面的链接，在按要求在信息页面里写上自己的个人账户、密码等信息几分钟之后，自己银行卡内的钱财就会被盗刷走。

很多姑娘平时都喜欢自拍，再加上有了各种社交软件、拍照软件，越来越多的姑娘开始在自拍的道路上放飞自我，越走越远。但你不知道的是，亲爱的姑娘，你发到朋友圈的各种美照都很有可能变成骗子和微商用以进行诈骗和虚假宣传的工具。现在，我们只要打开手机，就可以通过观察对方在朋友圈、微博等社交平台发布的动态来建立对这个人的初步印象。而正是因为这一点，一些不怀好意的人脑洞大开，居然想到一些歪点子来包装自己。而更可恶的是，所谓有利益就会有生产线，网络上还出现一批专门在各种社交平台盗取图片和视频从而打包销售的卖家，有的卖家甚至还提供配套的100元一个的变声器、20元一条的语音变声服务等。至于出售的目的为何，为什么会有人购买这些信息，其实是"司马昭之心——路人皆知"。

以上的种种信息都告诉我们：网络不是净土，面对网络，我们需要戴上自己的防毒面具。虽说网络时代无隐私，但是我们可以通过提高自己的意识，形成良好的网购习惯，尽量避免个人信息的泄露。那么，亲爱的姑娘，我们应该怎么做才能尽量避免泄露个人信息呢？首先，出门在外的时候，尽量不要连接公共场所的陌生网络，如果有实在需要使用大量流量的情况，宁愿选择办理网卡来解决。其次，收到短信之后，无论是否是熟悉的号码，短信里面的链接都不要轻易打开，如果有想要了解的活动信息，可以直接登录平台的官方网站去搜索。最后，最为重要的一步就是保护好自己的证件。如果证件不慎丢失，一定要及时去挂失补办，切勿存侥幸心理。

亲爱的姑娘，任何事物都没有绝对的好与坏，网络也是一样，对于善于利用它来学习进而提升自己的人来说，网络是免费的大学；而对于自制力比较差、喜欢贪图小便宜的人来说，网络却充满了陷阱与深渊。因此，网络不是净土，我们必须从保护自身出发，学会给自己戴上各种防毒面具。亲爱的姑娘，请你记住：解决一个安全隐患可能只需要15秒，但是解决一个安全事故，可能就要搭上我们的一生。

和网友见面做好安全防范

2017年4月至7月，河南一对表兄弟以聚会为由，专门邀请女同学、女性朋友吃饭。然后，趁其不备，将事先准备好的迷药放入对方杯中。等到对方失去意识之后，就将其带到事先准备好的房间内实施性侵。更令人愤怒的是，他们竟然还用手机拍下受害者的不雅照片以及视频作为不允许她们报警的威胁。

2017年7月，17岁的杭州女孩小鱼约网友见面，喝了男网友给她买的"牛奶"后，陷入昏迷。第二天早上醒来之后发现自己被性侵，并被偷走了手机等财物……

2017年3月，河南安阳一女子与男网友约在KTV唱歌。在此期间，她喝了该网友给的"酸奶"，出现了浑身瘫软等症状，被男网友趁机侵犯。

2018年1月，江苏南京的小爱应网友邀请参加一个派对，喝了一杯陌生人递过来的"鸡尾酒"之后昏厥，结果被3名男子性侵。

亲爱的姑娘，面对"熟人"请吃饭，你会拒绝吗？可能绝大部分都不会拒绝，特别是你已经与这些"熟人"畅聊多时的时候。但，亲爱的姑娘，这些所谓的"熟人"真的是你相熟的人吗？只是因为隔着屏幕聊过好多次就可以被认定为熟人吗？真正的熟人，不仅是你认识他，更应当是你了解他，对他的人品有一定的认知，甚至知道他家中的基本情况，有一定的深交。像网络上交流过很多次，但是现实生活中从未有过交集的只能被称为"熟悉的陌生人"，而约见这些熟悉的陌生人，亲爱的姑娘，你需要保持一定的警惕性，毕竟知人知面不知心。面对网络世界的纷繁复杂，我们必须多长一些心眼才能做好预防工作，避免惨剧的发生。

亲爱的姑娘，如果能够携伴同行，约上自己信任的伙伴一起去见初次见面的网友是最好的。如果现场情况不允许，也请在出发之前将自己的行踪告诉家人，并将即将与之见面的人的信息尽可能地告诉家人，以便做好安全防护。此外，约见的地点尽量选择电影院、游乐场、闹市区等人多安全的场所。

亲爱的姑娘，你可能不止一次地听说过网络婚恋诈骗，也可能不止一次地被劝告不要轻易相信网络上交到的朋友，但是却始终不了解其中的具体原因。首先，你真的能够确定那个一直在网络上跟你沟通交流的对象就是你真实看到的他吗？或者说，你确信他通过朋友圈或者聊天内容呈现给你的都是真实的吗？你所不知道的是，其实很多内容都是可以通过盗取他人信息伪装而成的。在你简单做出"图片可以是假的，视频总归是真的吧"的常规判断的同时，更有一条罪恶的产业链在为这些骗子服务。所以，很多骗子之所以能够假扮男神女神骗走钱财，都是因为盗用了许多网红的朋友圈照片。在电商平台上甚至都能搜索到专门将个人或一个系列的图片标价销售的店铺。因此，在与网友见面之前，不要轻易地相信他提供的任何看似非常真实的信息，更不要轻易地交付自己的真心。

假设很幸运地，你发现见面的网友与和你聊天的网友头像或是照片是同一个人，这时，依旧不能太过大意。到陌生的场合或者不熟的朋友家中去做客的时候，尽量不要喝别人倒好的饮料，特别是如果你们约见的地点是在酒吧里。如果你是现场在吧台购买饮料，也要注意看着工作人员亲自为你打开，倒入杯中,并且亲自递到你的手上。切记一定要喝还没开封或者自己亲手打开的饮料与酒水,广口玻璃杯装的调制酒往往是最好下手的饮料,因此,不要让自己的饮料离开自己的视线范围。亲爱的姑娘,任何所谓的信任、不好意思都没有自己的人身安全来得重要。表达亲密以及信任的方式有很多,但是千万不要以牺牲自己的安全为代价。

亲爱的姑娘,只有在悲剧面前,我们才能看清楚人性最阴暗的地方:自私、冷漠、无情、恶毒。这世界上总是有你无法想象的冷漠与恶毒。你没有办法用同样的道德标准去要求其他人与你一样,便只能从自我出发,做好你人生中每一步的安全防护。

校园贷是一个大火坑

2018年,广东省深圳市南山区警方破获一起校园"套路贷"诈骗案,刑事拘留该团伙犯罪嫌疑人共13名,其中侵害对象竟然牵扯到300多名省内外高校学生,涉案金额高达1012万余元……不知道从什么时候开始,校园借贷引发的学生自杀、卖淫事件变得越来越多,并引起了社会的广泛关注。翻开新闻中对这些事件的评论,当中充斥着抨击或同情,抨击这些女孩贪慕虚荣、无知,同情她们要用余下的青春来还债。亲爱的姑娘,校园贷确实使学生时期的我们可以进行提前消费,达到一些目的;但同时校园贷巨大的风险也需要我们了解。例如,借款的规则,你真的弄懂了吗?在借款时你有考虑过以后要怎么还上这笔钱吗?如果这笔钱没有及时还上,你知道会有什么后果吗?亲爱的姑娘,希望下面这个故事能够给你一些提醒与警示。

雨舒是一名在深圳某高校就读的大二学生。她平时喜欢购物,花钱大手大脚,经常透支信用卡,还向身边的同学朋友借钱。去年的某一天,雨舒一次偶然的机会认识了自称是她学姐的欧某。两人都喜欢逛街,经常相约一起出去游玩,在雨舒急需用钱的时候,欧某很豪爽地说自己可以借钱给她,但是要收取利息。于是雨舒就先借了500元应急,分5天还,每天还600元。借500元还3000元,雨舒不仅没有觉得自己被坑,反而认为她这个学姐有钱又很仗义。写了欠条之后，欧某很爽快地就直接微信转账给了她，值得庆幸的是，之后，雨舒按时还上了欠款。

但是没过多久雨舒又缺钱了，这时她想起了上次借钱给她的欧某，打算借6000元钱先缓缓。这时，欧某告诉雨舒，借钱没有问题，但是不能再按照上次的利息了。现在雨舒想要借钱，可以分6天还清，但是每天要还2000元，并且每天要在12点之前转账，逾期的话就要按照小时累计利息，每超过1个小时就要加500元，雨舒虽然觉得利息太高，但还是咬咬牙借了。祸不单行，这次的还款计划并不是很顺利，雨舒的账面利息日益增高。这时，欧某找到雨舒，主动告诉她还钱的"诀窍"——通过其他网络平台借钱还利息。就这样，由于雨舒不敢告诉家里人自己欠了这么多钱，走投无路之下在另一个网络借贷平台借款了3.6万元，填平了之前欠欧某的借款。雨舒没有想到的是，自己最初只借了6000元钱，最终却变成了7.2万元，并且利息还在每天往上滚。最终，雨舒的债务达到了12万余元。

这已经完全超出雨舒的还款能力，雨舒还不上钱，催款人很快就找到了雨舒的家里。原来，当初雨舒在借贷平台上签订借款合同的时候，平台需要雨舒提供家庭地址以及5个直系亲人的联系方式。没办法，最后家里人帮雨舒还了4万元。但这时，催款并没有停止，催款人开始利用各种手段催款，雨舒的家人全部被骚扰，每天甚至能接到上百个电话。最后，催款人告诉他们如果没钱，就要拿他们的房子作为抵押或者让雨舒去他们安排的场所去上班，用工资抵扣借款。这一提议让雨舒的家人十分震惊，他们开始意识到这件事情并不是借钱那么简单，最后，家人决定带着雨舒去报警。

亲爱的姑娘，你有没有发现，这些所谓的借贷平台签订的合同根本就是不平等条约？这些违法犯罪分子利用学生时期的你们法律知识的空缺，利用你们正确消费观念的缺失和面对诱惑的薄弱意志，利用你们在走投无路之后面对家长的胆怯，一步步地将你们套入越来越深的"借款大坑"，最终用你们以及家人的血汗钱填饱他们的贪欲。所以，亲爱的姑娘，请避免在这些不正规的网络平台上进行借款操作，你永远都不知道你借来的几百块钱最终会造成你人生中多大的悲剧。

亲爱的姑娘，请你牢记天下永远没有免费的午餐，你无可奈何借下的钱财账目并不可能无缘无故消失，因为欠下的总归是要偿还的。而无论是他人的催讨，还是良知的谴责，只要你还有最基本的认知，都会让你惶惶不得终日。但是，如果我们选择依靠自己，即便徒步探索、赤手空拳，虽然艰难，但是却胜在心安。只有心安了，人生才有可能是我们自己的。

提高警惕性，网络犯罪可能就在你身边

在生活中或新闻中，我们常能听闻这样的经历：买房子之后就会不断地接到各装修公司的推销电话，询问是否需要装修；怀孕生完孩子以后，每天都能接到不同的亲子摄影机构打来的电话以及推销保险、理财等产品的电话；在网上购买产品给了差评之后，卖家如果想要进行报复，最常见的手段就是使用垃圾短信、骚扰电话狂轰滥炸我们的手机，直至我们忍无可忍选择关机或者乖乖同意删除差评。明明是素未谋面的陌生人，但是对方却能清楚地知道我们的手机号码，有的甚至能够在电话里直呼我们的姓名，连家庭住址、身份证号码都报得分毫不差。不知不觉间，我们在网络世界里面，早已成了"透明人"。每月能收到的垃圾信息不下数十条，新买的手机一旦入网便如同在街上裸奔，完全没有个人隐私而言。你想要避免，但是却无可奈何：你想要使用的各种软件都需要绑定你的手机号码，不绑定就无法使用；许多操作都需要你的实名信息，否则就无法享受便利。这样的信息安全隐患总是让我们防不胜防却又无可奈何，而这一切都为我们指出了当前信息社会的一个客观现状：不知不觉间，你的隐私信息早已泄露。只要有心人想要利用，网络犯罪就会来到我们的身边，防不胜防。

这样一条新闻曾广受关注：外卖送餐信息在网上被售卖，包括用户姓名、

电话、地址（家庭门牌号）等在内的上万条信息打包购买仅需800元。更可怕的是，网络运营公司借助软件收集用户的订餐信息，打包后倒卖给电话销售公司，甚至还有一些外卖骑手也做起了客户信息倒卖的生意，这简直让人脊背发凉。新闻中涉及的外卖平台几乎包括我们目前所能想到的所有的订餐平台，而各大平台也在第一时间表示的确存在用户信息泄露、用户信息被倒卖的客观事实，他们的安全信息中心也正在积极配合警方调查，极力保护用户的信息安全。

新闻中曝光了一段电话音频，这是一名长期从事电话销售的人员与记者假扮的卧底之间的对话。在这条音频中，这名成员透露，自己长期出售各种数据，现在手上有北京、上海、广州等一线城市的各大外卖平台的客户数据，每一万条售价800元，5000条起售，也就是说平均每条信息不到一毛钱。其提供的一份内含5000条信息的表格显示，被倒卖隐私的用户姓名、电话、性别、详细地址都悉数在内。卖家为了表示其数据的真实性，一再保证这是某外卖平台系统内部人员提供的数据，客户信息准确率可以高达100%……整个事件听起来都是那么难以置信，却又是在我们身边每天发生的真实事情。可以说，生活在现在的大数据时代，我们拥有更多便利的同时，不得不把我们的一些个人信息交出去，"用隐私换取便利"这句话可以说是一点也不为过。那么，亲爱的姑娘，我们应该要怎么做才能在网络上保护好自身的安全呢？从这样的事件中，我们个人又该反思一些什么呢？

亲爱的姑娘，你有没有发现，不管你是否愿意，网络都在悄无声息地改变着我们大家的生活。在这个出门只带手机就可以生活的时代，一切操作都在向智能化、信息化发展，但同时，不知不觉间，网络犯罪来到了我们的身边，让我们防不胜防。面对这一切，个人的力量既是渺小的却又是不可缺少的，在个人方面，我们需要尽可能地注意个人信息的保护，防止网络犯罪的发生。除了在必要的需要个人信息的平台外，尽可能少在其他渠道使用个人信息，且尽量不要赋予各种平台过多的权限。外卖单、机票、火车票、简历等含有自己个人信息的物品尽量销毁之后再扔掉，杜绝任何可能被有心之人利用的可能性。

亲爱的姑娘，过度地依赖国家的发展、社会的进步、政府的监管来保障个人安全对我们个人来说是绝对不现实的。从个人出发，从现在开始，把握现在，珍惜当下，我们才能成为更好的自己，社会才能更加进步。

各种网络陷阱如何应对

都知道天上不会掉馅饼,但天下却有可能掉下个"侄子"。2018年3月,无锡彭女士的"侄子"突然通过微信加她为好友。彭女士的侄子远在武汉,并且比彭女士小七八岁,所以双方之前的交流并不是很多。没想到在加了好友之后,"侄子"非常热情,凡是彭女士发布的朋友圈状态必定赞不绝口,在跟彭女士聊天的时候还亲热地叫着姑姑,最后说自己过两天要到无锡出差,准备顺道拜访一下姑姑,这让彭女士满心欢喜。

第二天,彭女士又收到了"侄子"的语音电话,"侄子"在电话里说因为要给领导送礼,身上带的钱不够了,问彭女士能不能先借他1万元。彭女士听到对方的声音很是熟悉,确信无疑此人没有问题,便爽快地答应了。彭女士当时手头只有5000元,就先按"侄子"的要求将钱转了过去。没想到过了几天,"侄子"又打电话过来,说上次的事情没有办成,又要给其他领导送礼,还问她再借点钱。彭女士这时才察觉到不对劲,编了个借口没有再次借钱。"侄子"原先说等办完事就过来拜访自己的,结果彭女士等了半个月也没有等到"侄子"过来,而"侄子"在微信上与自己的沟通也不像以前那样充满热情。彭女士赶忙找出之前存的侄子电话,打过去后才发现侄子根本没来无锡,更没有添加过彭女士为自己的微信好友。等彭女士回过神来想要搜索微信中"侄子"的更多信息的时候，才发现自己早被拉黑，而自己除了记住了他的头像之外，其他的任何信息都没有保存。直到这时，彭女士才意识到自己被骗了。

亲爱的姑娘，"猜猜我是谁"说来已经是一个很老的骗术了，之前很长一段时间以各种聊天形式猖獗过，大众早已有所戒备但是没有想到只是换了沟通软件，这样的骗术还是能够得逞。他们通过随机拨打电话或有目的性地盗取受害人亲戚朋友的微信账号，并通过复制他们的信息伪装成亲友的身份与受害人进行远程接触。他们利用受害人对亲戚朋友的信任和疏于防范的心理，打出感情牌，编出各种急需用钱的理由，诱骗受害人向他们提供的银行账号进行汇款。因此，亲爱的姑娘，当有"陌生的熟悉人"加你为好友的时候，一定要记得核实对方的身份。尤其是当对方提出汇款转账的要求的时候，更加需要提高警惕。

除了上文中说到的通过盗图或窃取身份来伪装成另外一个人，骗得远方亲戚的信任进而进行诈骗之外，利用年轻人之间纯洁的爱情进行诈骗的更是大有人在。

南京江宁警方就抓获了一名涉嫌以交友名义进行诈骗的嫌疑人王某。王某本身是个相貌平平的胖姑娘，22岁，江宁本地人。但是，她却通过盗用网红女子的照片将自己包装成"美女""富二代""艺考生"等诸多身份，在社交软件、游戏平台中吸引了不少男网友。她在网上跟受害人聊天，吸引受害人为跟她发展男女朋友关系而给她购买礼物，通过微信、支付宝给她转账，以此达到敛财的目的。警方抓获王某后，经初步调查发现，王某已经通过这样的手段成功骗取到五省九市的十多名男性网友，涉案金额达到了60多万元。她用这些钱给自己买了一辆宝马车，剩下的钱用于在网上进一步包装自己。而民警通过对王某进行审查，发现她之所以能够得手，最主要的原因就在于她从来没有跟这些网友见过面。王某虽然相貌普通，但是声音却很甜美，她只跟网友语音聊天，并用各种借口回绝网友的见面要求。当一些人对她产生怀疑时，她就花钱购买写着对方名字等信息的短视频来证明自己的身份。

有很多人都喜欢在各种社交软件平台上面更新自己的日常生活状态，发布自己的定位，分享正在做的事情和心情状态。看似只是平常的举动，殊不知，其实这一切都暗藏危机。就好比对于微信的朋友圈功能，很多人都以为能够看到自己照片的只有自己的微信好友，但事实上，朋友圈是默认向陌生人开放10条朋友圈的。所以，亲爱的姑娘，不要以为你的微信朋友圈里全是自己的朋友就已经足够安全。你的朋友圈一旦成为陌生人的目标，你又恰巧喜欢将所有的一切记录在内，那么有心人对你发布的内容加以利用，让你或者让你身边的人蒙受损失简直易如反掌。所以，亲爱的姑娘，网络其实是把"双刃剑"，到处都充满了陷阱。它在给我们带来无限便捷的同时，也让我们损失了更多的隐私以及信息安全，所以我们必须更加小心谨慎才能避免掉入各种网络陷阱。

要多了解交网友的危险性

在如今信息爆炸的大数据时代，互联网可以说是现代社会生活的必需品。尤其在青春正盛的学生群体中间，网络交友早已变成一种习惯与社交时尚。的确，网络交友可以帮助我们挣脱世俗的交友观束缚，为我们开辟出一个崭新的交际渠道，拓宽我们的交际范围。因为你们素未谋面，所以他可以是你想象中的任何样子，或是高大帅气，或是温柔多情，你可以将自己的心事完全袒露给对方；你也可以随心所欲地倾诉自己遭遇的一切不公平，以此获得安抚与慰藉；你更可以随时随地畅所欲言而不必担心你们是否会因为利益冲突而互相猜忌。但是，亲爱的姑娘，在你享受网络交友带来的愉悦的同时，也请不要忘了网络与生俱来的虚拟性。就好比"水中月、镜中花"，网络交友因为有了远距离以及虚拟性的加持，导致很多时候你所看到的并不能完全代表真实的对方。

2017年2月，陕西的吴女士在微信上通过微信群认识了一个名叫小新的网友。两人聊得很是投机，吴女士以为自己结交到了一个好朋友。结果却没想到，就是这个"好朋友"，让她陷进了一个精心设计的圈套，最终被骗去了34万元之多。当时，吴女士在加了小新的微信之后，两人聊得很是投机。看小新的朋友圈，吴女士发现，里面展现的全是让自己羡慕的惬意生活。吴女士一开始并不清楚小新的职业，随着两人交情的日益加深，在后来的一次聊天中，小新向吴女士介绍了一款叫作"重庆时时彩"的网上彩票，并自称有内幕消息，说是感觉跟吴女士聊得投机，因而可以带她一起赚钱。小新还说，自己现在生活富足，也多是因为从这个项目里面赚到了钱。

吴女士听了之后心动了，前前后后投资了有五六千元，净赚了四千多元。而自己一个月辛辛苦苦地上班赚的都没有这么多。尝到了甜头的吴女士开始对"重庆时时彩"深信不疑，不仅将自己的10万元存款全部投入，还在小新的指导下从很多网上平台贷款进行赌博。然而这一次，吴女士却再也没有赚到钱。钱都投进去了，却血本无归。小新也联系不上了。这时，吴女士才如梦初醒，意识到自己被骗了，选择了报警。

亲爱的姑娘，如果你的微信里有陌生人给你推荐什么赚"快钱"的方法，不妨直接将其拉黑。骗子的套路虽然花样频出，但核心其实万变不离其宗，只要记住天上并不会平白无故掉下馅饼，不贪小便宜，就能在很大程度上避免被骗。

亲爱的姑娘，在现实生活中，想要了解一个真实世界中的人都是一件即便花费很多时间心力也并不一定能够实现的事情，在这种情况下，你真的确定我们仅仅通过在虚拟网络上寥寥数语的聊天就能断定对方是一个好人吗？亲爱的姑娘，即使是一起生活数年的爱人，我们都有可能不甚了解对方，更何况是隔着屏幕交谈的网友呢？或许你会说，人生当中怎么会有那么多的极端意外呢？但是，所谓患难见真情，我们真正的朋友，不正是体现在这些患难的极端时刻吗？当然，亲爱的姑娘，我们并不是危言耸听地想要否定网络交友的全部益处，毕竟，就像硬币也有两面，任何事物都不会只有绝对的危害而没有任何的好处。很多时候，即便见不到面，隔着屏幕，稍有经验的我们还是可以根据对方的言辞揣摩到他真实的意图；但是，亲爱的姑娘，这毕竟只能是揣测，仍旧无法排除其中可能存在的诸多风险。因此，亲爱的姑娘，面对网络交友，请你擦亮双眼，做出尽可能正确的判断。不论什么情况，请你记住，生命是一切的前提。

  亲爱的姑娘，尽管你我并不愿意相信，尽管你我都是善良的个体，尽管我们的世界正在越变越好，但是对于任何事情多留一个心眼、提高一些警惕，总归不会是错误的选择。因此，亲爱的姑娘，在我们不能对某件事情的发展势态了如指掌的时候，在事物正在发展而尚未显露出其风险性的时候，做好有关这件事情的最坏打算吧。所谓希望越大，失望便也越大，当我们自己做好了万全的准备，当我们已经设想过有可能发生的意外，当我们已然将一切的风险管控在能够承受的范围之内，人生必定会是另一番模样！

第03章

做个快乐的女孩，别让青春期被阴霾笼罩

人生的路上，我们每个人都希望自己能够生活得幸福快乐。但亲爱的姑娘，我要告诉你的是：快乐并不是别人给的，而是自己去发现的，快乐来自我们每个人的内心感受。不同的人对于同一件事情有着不同的心态，就会产生不同甚至截然相反的结果。因此，无论遇上什么样的艰难险阻，都请你记住：幸福与快乐的秘密就藏在我们每个人的心里，我们每个人都具有让自己幸福快乐的资源，就看你是不是能够运用得当了。

学会控制自己的不良情绪

情绪是魔鬼,如果你控制不了它,它就会扼住你的咽喉,带着你走向毁灭。很多人并不相信这样的道理,但是等到不幸真的发生的时候,就会知道这句话从来都不是危言耸听。依稀记得这样一则新闻:

2018年2月23日,重庆有一对夫妻在家中吵架,妻子十分生气,摔门而出并准备开车离开。而同样怒气冲冲的丈夫紧跟着出门,用自己的身体挡在车子的前面,不准妻子开车离开。从监控中依稀可以看到,坐在驾驶室中的妻子仍是满脸怒气,而阻拦在外面的丈夫嘴里也一直在说着什么。没有人知道他们在争吵什么,只是看到车子突然加速,并向左侧拉出一个弧度,将丈夫顶在了汽车引擎盖上向前猛冲……丈夫随着车子的前冲力量重重地摔了出去,后脑勺磕在了人行道边的石沿上,当场身亡。

事后妻子被带到警察局的时候,神情恍惚,嘴里一直念叨着:如果当初,不那么生气就好了……

可惜的是,这个世界上从来就没有如果。每次看到这种类型的新闻,我的心中总是充满疑问:难道生气比生命还要重要?有什么事情能够生气到非得付出生命的代价?难道控制自己的情绪真的有这么困难?见多了这样的新闻,了解到事情的始末以后便能更加明白:很多时候,并不是他们不懂得生命的重要性，而是在怒火达到顶峰的那个时候，他们没有办法控制自己。不是他们不想，而是他们没有能力控制自己的情绪。事后，百分之百的当事人都会后悔当时的行为，但是可惜的是，这世上从来没有后悔药。

懂得控制自己的脾气是一种修养，能够控制好自己的脾气则是一种能力。不懂得控制自己的情绪，无法让自己的情绪保持稳定的人其实是无能而不自知的；能够控制好自己脾气、能够保持自己情绪稳定的人是很有魅力的。

闺蜜灵心的老公是我见过最懂得控制自己情绪的人。

大概3年以前，他们的儿子小团子被确诊为先天性心脏病。"那一刻，我感觉整个天都要塌了。"灵心这么跟我说道。那时的她每天心情沮丧、愁眉苦脸，不是在责怪自己就是在埋怨命运的不公。生活一片混乱，工作也一团乱麻，单位的领导体谅她，给她放了一个月的假。不工作的灵心在家里更是茶饭不思，就差以泪洗面了。整个家庭氛围很是郁闷。

但是，她老公却完全不同。每天还是跟以前一样，早起做早饭、上班，按时下班、买菜、做饭，偶尔看看资料。一个多星期以后，灵心夜里还是睡不着，她看着旁边熟睡的丈夫，终于忍不住把他摇醒，责问他："你怎么还睡得着觉？团子不是你儿子吗？"她老公听罢，正色道："团子生病了我也着急啊，但是着急有用吗？团子还小，只能依靠我们来照顾他，如果我们现在连自己都照顾不好，团子还能怎么办？现在医生已经给出了治疗方案，我们应该做的就是尽全力配合医生的治疗。除此之外，我们还应该尽可能地给团子营造一个轻松快乐的家庭氛围，这样，即便他治疗不好，以后也可以学会坚强乐观。"后来，灵心的老公专门请了一个星期的假，每天带着灵心去医院参加关于先天性心脏病的讲座，带着孩子去医院检查的时候，也和家长们一起交流病情，以缓解灵心内心的焦虑。

后来，随着他们对先天性心脏病了解得越来越深入，加上老公的安抚与医生的建议，灵心变得越来越坚强，慢慢接受了现实，整个人又重新燃起了希望，团子也变得越来越活泼。人一旦顺利起来，好事也就会接踵而至。后来，他们的儿子成功做了搭桥手术，隔了两年又正常上了幼儿园，所有的事情都慢慢走上了正轨，生活中的一切都在慢慢变好。

"我觉得我老公那个时候帅呆了，如果当时不是他保持淡定，我估计我就挺不过来了。"再次见面的时候，灵心这么跟我说道。

亲爱的姑娘，能否控制好自己的情绪可以说是判断一个人是否成熟的重要标志。一个真正成熟的人懂得随时随地控制好自己的脾气，懂得在任何情况下都保持情绪稳定，懂得将自己最温柔善良的一面留给自己最亲近的人。

控制自己，驾驭不良情绪是我们每个人在成长路上都应该学会的重要一课。我见过太多的人，对外人宽容友好，对身边最亲近的伴侣却苛刻挑剔。他们往往对外人很有耐心、情绪温和，对自己的爱人却非常急躁、不耐烦。其实这样的人，都是在犯最愚蠢的错误。亲爱的姑娘，请不要跟这样的人学习，理性、清醒、成熟地克制自己的情绪，遇到难题时不把脾气发在最亲近的人身上，这才是你应该了解并尽快掌握的人生本领。

友情是青春最好的收获

"物以类聚，人以群分"，这样的道理告诉我们选择什么样的朋友就会有什么样的人生。就像一个段子说过的那样，跟着苍蝇走，你只会找到厕所；而跟着蜜蜂走，你会找到鲜花。亲爱的姑娘，人生就是这样，在五彩缤纷的世界里面，个人的选择其实决定了你的生活方式。选择与充满负能量的人为伍，你就选择了抱怨与消极，最终只会在平庸中失去你的梦想；选择与仿佛能够发光的充满正能量的人在一起，你就选择了积极与主动，慢慢地你也会发光，自己成为自己的能量源。

亲爱的姑娘，外面的世界很大，大到我们难以估量，仅仅依靠一个人的力量是无法充分感知的。也正是因为这个世界很大，我们才会面对诸多选择，也会遇到不同的困难挫折。但是，亲爱的姑娘，很多事情你明明知道会有风险，也还是必须去做，因为如果你没有勇敢地尝试，你连失败的机会都不会拥有。我们不能因为担心会遇到一些不美好的人与事就索性选择与世隔绝，就像我们并不会因为吃到了一颗坏的葡萄，就放弃品尝其余的美味。所以，亲爱的姑娘，不要害怕，不要畏缩，不要彷徨，打开自己的心扉，去认识、去结交更多的朋友，去感受来自这个世界的善意与美好。

如果你能够拥有一个真正的朋友，你会发现我们的生活竟然如此美妙。

第 03 章
做个快乐的女孩，别让青春期被阴霾笼罩

亲爱的姑娘，请你相信朋友可以给我们的生活增添无尽的乐趣。当你拥有一个真正的好友，即便远隔千里，数年没有联络，你们见面时也仍然会跟当初一样轻松自然，还是有着聊不完的话题。能够拥有这种经历的人生将会是多么地幸运，多么地美妙和令人向往！又或者，也许有那么一个人存在，你们相处时即便没有聊天，只是相邻而坐，各自忙着自己的事情，数小时过去了都只有几句简单的交谈，但却仍然温暖充实。在这样的朋友面前，你可以低眉哀叹，可以恣意张狂，即便你没有很大的成就，仍旧不用担心她会嫌弃你的落魄、会在意你的形象不够光鲜。你们之间相处得舒服自然，这样的人生又该多么美好和令人羡慕啊。

亲爱的姑娘，经历得越多，你就越会发现在你青春年少的时候能够拥有一两段单纯真诚的友谊是人生中一件多么美好的事情。与朋友之间的友谊能够让我们的人生过得更加精彩。友谊是上苍的垂怜，是命运赠予我们的最美好的礼物。当你在生活中遇到艰难困阻的时候，回忆起朋友说过的话，你便不会再沉湎于其中，忧愁的内心将获得极大的安慰与鼓舞。亲爱的姑娘，当你遭受痛苦挫折的时候，如果能够有朋友在你的身边，你能够感觉得到朋友带给你的无限力量，你就不会消极悲观。很多时候，在遇到挫折痛苦的时候，有朋友陪伴在你的身边与没有朋友鼓励而独自挨过困境，会是两种截然不同的体验。生活中，我们都有过这样的经历：在遇到不顺心的事情的时候，拨通朋友的电话，听到对方熟悉的声音，哪怕你一个字不讲、一句话也不说，她也能感受到你的烦闷与忧愁，你们在电话的两端默契一笑，很多事情便也放下了。

亲爱的姑娘，友谊是一条河流，它会将你心中的烦恼忧愁洗净，滤清你们人生中沿路的风尘；友谊是上天在我们的心灵保留的一方净土，培育着诚实善良的花朵。友情犹如花香，并不是越浓烈越好，而是越淡越让人留恋，也越能持久；友谊犹如我们生命中的一盏明灯，能够照亮我们的灵魂，让我们的生活充满点点星光。

亲爱的姑娘，人生的路总是漫长而充满苦难的，我们的人生时光总是在不经意间悄悄流逝。生活在凡人世界，我们的生活总是惬意与急躁、欣喜与痛苦并存。青春年少的我们配上真诚单纯的友谊，我们的人生将会拥有别样的光彩。真正的朋友，或许不会给我们多少的物质帮助，却可以给我们精神上的无限力量，鼓励着我们日益进步，慢慢地变成更好的我们。亲爱的姑娘，真正的友谊并不是每日在一起吃吃喝喝，而是在一起互相促进；真正的朋友从来不在于距离远近，因为心与心的相处从来不用距离来评定。拥有真诚的友谊，就是感受美好的开始。

大大方方的女孩更让人喜欢

曾经，人们欣赏小家碧玉，而在现在的社会，我们追求男女平等，女生也日益走向独立。因此，更多的人开始欣赏大家闺秀。在封建社会的等级制度已不复存在的现代社会，大家闺秀已经不再是传统意义上的名门贵族，而是精神独立、大方自信的新时代女性的代称。曾经，我们找到一份工作，便认为可以安稳度过一辈子；现在，生活在变化如此之快的信息化时代，唯一保持不变的只有"不断的变化"。面对这样的发展态势，固步自封，羞怯地生活在自己的小世界里面的行为已经不可取。勇敢地走出自我的"舒适区"，落落大方地同各行各业的人交流，广泛吸取经验，我们才能更好地融入这个日新月异的社会，才能成为更好的自己，才能成就自我。

无论在什么时代，无论在什么国家，总是会有那么一群姑娘，明明自己很优秀，却很没有自信，总是觉得别人无论哪方面都比自己优秀很多，于是每天顾影自怜，不敢接受工作中的挑战，越活越卑微。亲爱的姑娘，我想要告诉你，你必须要勇敢地战胜羞怯。你的羞怯、你的胆小、你的退让并不会为你争取到更多的资源，你的竞争对手也不会因为看你可怜而主动给你留一席之地。你的软弱只会被视为无能，被更多的人嘲笑。

好几年前出去对接客户的时候，我认识了一位姑娘。她很聪明也很善良，但总是对外界有一丝胆怯，她看人的眼睛总是充满闪躲，做什么事情总是畏手畏脚。在我们慢慢熟悉了之后，她谈起了自己的经历。

她出生在一个普通的农民家庭，生长在一个破落的农村。俗话说："贫贱夫妻百事哀"。她的父母就是这样，经常因为经济上的事情争吵，而她，总是首当其冲地成为父母情绪的出气筒。于是，她慢慢变得内向，不敢和外人接触，一说话就脸红。她的生活圈子也很小，认识的人局限于同班同学。

其实她很优秀，但是她自己却并不这么认为。即便她成绩很优异，她仍不知道什么才是真正优秀的人，更不懂得哪种人值得交往，不知道什么是匹配，自然也不懂得该如何去挑选自己的另一半。曾经，她喜欢上一个小伙子，喜欢的原因仅仅是那个人不经意间帮过她一次小忙。别人对她好一点点，她便心怀感激，以为这就是爱。而她不知道的是，相比那个小伙子，她其实更优秀。她聪慧，是个学霸；她热爱运动，身形健美；她心地善良，是个有良好品质的好姑娘。

明明自己就是"潜力股"，却因为从小没有见过太多的世面，无从建立起自信，无法拓展眼界，硬是让自己变成一个羞怯胆小、懦弱卑微的"透明人"。凡事不敢往前冲，站在人堆里很快就被淹没。现在的她，虽然一直都有在努力地改变现状，但是骨子里的那份自卑，总是时不时地跑出来影响她。

我也采访过身边很多性格羞怯的姑娘，问及胆怯的原因，大部分人都有一个共同的回答：因为自己没有见识过什么世面，害怕自己被嘲笑，总是认为别人的见识一定比自己好。那么，什么样才算见过世面？什么样的生活是不会被人嘲笑的？答案并不是固定的。

有些姑娘，买东西一定要买最贵的，她认为性价比无关紧要，最贵的一定是最好的。出去旅游的时候，路过一个知名景点，必定要拍很多照片，发很多次朋友圈，展示自己过得多么好。而有的姑娘，生活得并不奢侈，虽然仅仅只有20多岁，却能够站在好几千人面前，潇洒自如地演讲，月薪明明好几万却背着两百块的平价包包，依旧每天很开心。那么，哪种叫作见过世面呢？

亲爱的姑娘，是否见过世面不应该是你评判自己该不该落落大方的准则。真正没有见过世面的人，总是习惯用自己仅有的经验去揣测这个世界，她们并不知道自己真正想要的是什么。而真正见过世面的人，应该是那些知道自己不知道什么，清楚自己的弱点在哪里，从而更加努力的人。自认为没有见过世面，于是甘心保持羞怯胆小的生活状态，这不仅是一件可悲的事情，更是一件很可怕的事情。一个真正见过世面的人，不仅成熟，更有明辨是非、分辨黑白的能力。

亲爱的姑娘，很多时候，我们必须很努力，才能成为自己喜欢的人。成长的过程中已经有足够多的磨难与艰难困阻，因此，不要再让羞怯成为自己前进路上的拦路虎，要学会勇敢，落落大方才是我们应该追求的生活状态。既吃得了红酒西餐，也吃得了路边的麻辣烫；既能住得起星级酒店，也能睡得了帐篷睡袋；可以穿着高跟鞋干练得体，也可以穿着跑鞋踏上未知的旅途。这样的落落大方、自信飞扬才是我们应该具有的人格魅力。

别被嫉妒之火点燃

周国平先生曾经说过:"嫉妒是人性,不因嫉妒而失态乃至报复则是修养。"我们无法根除人性里的嫉妒,但是可以做到有教养。亲爱的姑娘,今天我想对你说:"嫉妒"并不是一件可耻的事情,嫉妒只是人类丰富情感中的一种自然情绪,我们应当学会正视嫉妒这种自然情感,而不是偷偷摸摸地掩藏或者无视。当你明白自己有了嫉妒的情绪的时候,应当学会正视并用科学的方法来排解;当你被别人嫉妒的时候,也应当学会换个角度思考,走出被嫉妒的郁闷,快乐地活出你自己。

高中的时候有一个男同学,他强烈地贬斥嫉妒这种情感,但是他又无法欺骗自己——他真切地嫉妒着同班的班长。他明白是自己的态度不对,便一直与自己抗争,但由于没有找到科学的方法去排解,最后的结果是他变得讨厌自己,极度自卑,患上了严重的抑郁症,给自己的生活带来严重困扰。因为他始终都不明白,嫉妒其实只是人类的天性之一,无法真正懂得并正视嫉妒的人很容易走上极端,而最终的结果不是伤害别人就是伤害自己。因此,亲爱的姑娘,当你感觉到自己嫉妒别人的时候,首先学会接纳、正视这种情绪,然后尝试着去沟通、去疏导。

亲爱的姑娘,你知道吗?人之所以会嫉妒,都是因为有比较。今天A穿了一件很美的裙子是你买不起的，你便心生嫉妒，却忘了她曾经羡慕你参加马拉松时拿奖的那一刻；今年B出国旅游两次了，你却因为家里经济不允许而不能去任何地方旅游，于是你很嫉妒，却没有想过当她看到你和家人在一起时，那种外人无法参与的幸福与温馨也曾让她多么地落寞。亲爱的姑娘，我们大可不必拿自己的弱势与别人的优势相比较。其实每个人的人生都是"一地鸡毛"，都有快乐与悲伤，不同的只是选择与心态。当你因别人拿奖而感到嫉妒的时候，就去想一想，或许她也曾嫉妒过你可以按时休息，可以轻松看剧的快乐；当你嫉妒别人大包小包在商场购物的时候，你有没有想过，或许她也正在羡慕你充实的人生呢？亲爱的姑娘，请你记住，世界上永远没有一帆风顺的人生和没有任何烦恼忧愁的命运，每个人都要在自己的世界里面坚持与忍耐，如果你不曾努力奋斗，就不要在别人丰收的时候充满嫉妒。羡慕别人幸运的时候，就告诉自己停止看剧，去学习、去奋斗。日本作家三木清曾经说过："如果要消除嫉妒心，就必须保持自信。"换句话说，当你对自己的人生感到满意的时候，你的内心已经知足了，便也不会再去与别人进行比较。就算你有所不满，因为自信，你也会有足够的勇气去改变，而不只是默默地让嫉妒霸占你的人生，熄灭你的希望之火。

　　除了要学会不去嫉妒别人外，正确对待"被嫉妒"这件事情也是我们应当学会的。或许有人会说，被嫉妒难道不是一件值得高兴的事情吗？说明你足够优秀啊。没错，被嫉妒听来似乎无关痛痒。就像日本传奇尼僧濑户内寂听曾经说过的："当你非常幸运，感觉运势升起来了，你一定会被嫉妒的人说坏话。但换个角度想，当你听到有人在说你的坏话的时候，说明你已经幸运到别人看到都想骂人了。"但是，亲爱的姑娘，防人之心不可无。很多时候，我们真正需要担心的不是易躲的明枪，而是难防的暗箭。这时，又会有人说，脑子长在别人身上，我能有什么办法？没错，亲爱的姑娘，如果你能活得如此张扬与洒脱，便也没有什么可以担心的。你能明白别人的想法与你无关，无视别人的嫉妒，自然也可以很好地保护好自己，不将别人的恶意中伤放在心上。但是总会有那么一些傻姑娘，由于天性敏感，又太在意他人的眼光，常常害怕自己的某些行为导致别人不喜欢她，所以活得卑微且痛苦。

的确，"人红是非多"自古以来就是真理。但是亲爱的姑娘，希望你能够明白，优秀，并不是一个错误。相反，因为害怕别人的嫉妒而充满愧疚地生活和成长，才是最大的错误。真正能够欣赏你的人，永远欣赏的都是你骄傲的样子，而不是你故作谦卑的样子。所以，千万不要因为别人的嫉妒而选择放弃自己的爱好和优点，或虽未放弃但因此愧疚不已。更何况，当你选择迎合别人的时候，当你选择了自我放弃的时候，连你自己都否定了自己，他人又怎么会接纳你、尊重你和喜欢你呢？

亲爱的姑娘，当你面对嫉妒时，最理智、最正确的做法就是一直奔跑。当你跑远了，变得足够优秀的时候，你的实力和位置会为你吸引志同道合的人，那才是真正属于你自己的圈子。而且，你要相信，越是在优秀的前方，有工夫骂人和嫉妒的人就越少，因为大家都在忙着继续奔跑。所以，不要因为别人的嫉妒和中伤而苦恼甚至退缩，而是要让你自己更加努力、更加优秀！

要心胸开阔，别被小事纠缠

霄妹被公司里的一位同事拉黑了，心情很是郁闷。事情的起因是一次便车。

霄妹家在莲花小区，距离上班的地方有40分钟车程。为了上下班方便，霄妹狠了狠心花积蓄买了一辆代步车，每天开车上下班。这个同事是公司里的"老人"，也住在莲花小区。霄妹刚进公司不到半年，本着"跟同事和谐相处只有好处没有坏处"的宗旨，霄妹提了新车之后就顺路带着这个同事一起上下班，于是同事就开启了蹭车之旅，每天上下班准时准点地候着，一坐就是大半年。一开始，同事还时常变着花样表达一下感谢。时间久了，一切仿佛就变成理所当然，开门就上车，然后就开始自顾自地玩手机，下了车就扬长而去。

有一天，霄妹家来了其他的朋友，急着去机场接人，就提前开车走了。没想到10分钟不到，同事就打电话过来："你提前走了怎么也不跟我说一声呀，你这也太不地道了，等你半天结果听说你早就走了。"霄妹赶忙说道："不好意思，临时有事赶着去机场接人，没来得及跟你说一声。"没想到，同事不高兴了，连珠炮似的说道："那你提前跟我说一声啊，我还和我妈说回家吃饭呢，这个点班车都走了，等到家都要几点了？"面对同事责备，霄妹心里也有点生气，但是碍于面子并没有发作，半开玩笑地说："你打个车呗，以前没坐我车的时候，你不也得自己回去吗？我又不是专职司机。"

没想到这句话把同事给惹到了，第二天上班，霄妹照常给人发微信说"准备出发"的时候，发现对方已经不是自己的好友了……从那以后，同事每次见到霄妹都是扭头就走，到处给霄妹穿小鞋，说她抠门小气、人不厚道，甚至还恶意攻击她，说她业务能力不行，当初肯定是走后门进来的等。

对此，霄妹很是委屈郁闷，怎么也想不开：给人当了半年的免费司机，没落到好处不说，反而还成了仇人，到底是她太奇葩，还是我太小气？

霄妹的困惑可以从英国作家萨克雷处得到解答。萨克雷曾经说过："如果一个人身受大恩之后又和这个恩人反目的话，他要顾全自己的体面，一定只会比不相干的陌路人更加恶毒，因为他一定要证明对方的罪过，才能解释自己的无情无义。"

亲爱的姑娘，这个世界上的很多人与事就是这么无理。并不是所有人都能分得清楚情分与本分，也不是所有人都能明白"帮你是情分，不帮你是本分"这个道理。很多时候，从善人变成恶人比你想象中简单一百倍，只需要一次拒绝而已。当你的善意不能满足他们的期望的时候，他们的第一反应并不是理解与感恩，而是怨言和怒骂。这个时候，亲爱的姑娘，请你不要怀疑自己。请你坚信并非是你不够善良或太小气，相反，正是你太过善良、太过宽容，才使对方得寸进尺。就好比你在一个人危难的时候帮助过他一次，他懂得这是情分；可是如果你一直帮助他，帮了他一辈子，就被他理所当然地当作了本分。并不是你做的有什么不对，而是你没有遇上一个真正值得你去释放善意的心胸开阔的对象。

亲爱的姑娘，遇上让你糟心的人与事，不必放在心上。将不愉快的记忆放在自己的内心，最终不快乐的终将会是你自己。想要让自己获得真正的快乐与愉悦，就要在遇到小心眼的人的时候，果断选择远离他们，过多的纠缠只会让自己的人品与心态降低到与他们一般的层次。我曾看到一则新闻：一位母亲带着小孩去乘坐高铁，旁边有一位男乘客正在吃泡面，泡面的味道混杂在沉闷的车厢之中，气味之难闻自不必说。而更让这位母亲担心的是，她的宝宝对泡面的味道过敏。这位母亲出于对宝宝的保护，起身制止吃泡面的男乘客，请他不要再吃泡面。但是这位男乘客并不理睬，继续吃着。这位母亲就开始在车厢里大声斥责这位男乘客，责备他没有公德心，而男乘客也不甘示弱地反驳。于是，母亲的嗓音越来越大，情绪也越来越激动，引起了全车厢乘客的注意。事情的始末其实很简单，这位母亲一开始的诉求其实也是对的。在行驶的封闭列车里面吃泡面的确不是一件合理的事情，更何况旁边还有一位对泡面过敏的小朋友。于情于理，这位男乘客都应该停止吃泡面或者换到列车上的餐车内去吃。但是，当所有人的目光都集中在这位在车厢内大声辱骂别人的母亲身上的时候，又有几个人能真正知道事情的始末呢？在别人的心中，给这位母亲贴的标签一定会是"高铁上突然发神经骂人的一个妇女"，所以新闻的评论里面都是对这位母亲随意骂人的指责。

所以，亲爱的姑娘，我知道很多情况下做到心胸开阔并不容易，尤其是受到一些委屈的时候。但是，亲爱的姑娘，请你记住，遇到充分暴露人性阴暗面的"极品"时，过多的纠缠只会降低你自己的层次，在这样的情况下，远离其实是对自己最大的保护。

青春期，
女孩保护自己的关键

做真实的自己，不被虚荣控制

　　看电视剧《欢乐颂》的时候，我对里面的樊胜美一角印象深刻。电视剧一开场，就是盛装打扮的她准备去一个聚会，她租的那个小房间里面满满当当地塞满了各式各样的衣服、鞋子和包包。我想，很多人都与我一样，将她的第一印象定格在"物质女""虚荣女"这样的标签上。但是随着剧情的发展，我却渐渐发现她的逼不得已。因为父母重男轻女的封建思想，她所赚到的每一分钱，除了用于满足基本的吃穿用度，剩下的都被家里的哥嫂剥削得一干二净。独自在上海打拼那么多年的她，身上竟然没有一分钱的零花钱，平时收到的一些大牌礼物大多也被转卖成了现金，打给哥嫂。而她的家人，从来没有因此而感念过她的不容易，只是认为她的付出理所当然，甚至变本加厉向她索取。樊胜美因为害怕别人异样的眼光而强迫自己学会虚荣，她因为想要获得别人的尊重而刻意追求虚荣。但是这样的生活方式并没有让她得到自己内心真正想要的安宁，她的内心仍然是敏感脆弱的。偶然的一次机会，她遇到了她所认为的真爱，在她想要做回真正的自己的时候，才发现，那人不过也只是迷恋她所包装出来的一切而已。

　　亲爱的姑娘，很多时候，我们可能会出于各种各样的苦衷而不得已地假装虚荣，但是，亲爱的姑娘，请你不要在假装虚荣这条路上越走越远，以至于忘记自己的本心。只有从内在出发，认清虚荣的本质，培养自己的能力，拥有内心真正的自信，才能活出真正属于自己的人生，并得到发自内心的安宁。

我和一个很久没有见面的朋友一起相约出去走走。我看着她远远地走来，总是觉得她姿态有些扭捏，有什么不对劲的地方。细看之下，才发现她身上背了一个看来十分昂贵的包包。我看着她背着这款包包，就像是背了一个小祖宗在身上，十分小心翼翼。见我嘲笑她，她才不好意思地笑了笑说道："可不是嘛，自从背了这个包包，我挤个公交车都很小心，万一被蹭到，我要心疼死了。"

朋友从来不是一个爱慕虚荣的人，衣着总是简单大方，但是并不会去刻意追求品牌。细聊之下，我才知道朋友突然之间有所改变的缘由。朋友最近刚刚换了一份工作，到了一个陌生的工作环境，员工以女性居多。据朋友说，在这家公司上班的人，要么有个"好老公"，要么有对"好父母"，家境都不错。大家的收入一般，但是大部分人的吃穿用度却是很上档次的。

有一次聊天的时候，有一个同事问朋友最近背的一款包包是什么牌子的，朋友便老实地回答了一个平价的品牌，那位同事却非常没有礼貌地回复道："哦，没听过。"据朋友描述，那语气里充满了不屑。顿时，朋友敏感的神经被刺激到了。接下来的时间里，她省吃俭用，总算拿下了这款昂贵的宝贝疙瘩。听完朋友的描述，我并没有多说什么。但是对于朋友的这种做法，我并不认为是什么自尊心在作祟，而是难以压制的虚荣心在发狂。很多时候，人总是喜欢拿自尊心强来掩饰自己的虚荣心。

其实，我们每个人都有虚荣心。只是有的人爱慕物质，有的人爱慕面子，而有的人却爱慕里子。随着年龄的增长，很多时候，并不是我们的自尊心强，而是我们太虚荣，太急于用一些立竿见影、容易曝光的东西来维护我们小小的、可怜的自尊。偶尔的小虚荣并不可怕，只要能够认清自己的本心，不扭曲它，虚荣就只是一个暗藏小心机的、无伤大雅的缺点。

　　曾经有人说过，一个人缺失什么，往往就越会在意别人炫耀什么。这句话，我深以为然。在意别人炫耀什么正说明看重什么，而我们通常看重的，恰恰是我们缺少的或者是自己觉得不够的。亲爱的姑娘，虚荣的人总是习惯去寻找一个直接的方式来使自己显得很有面子，用一些虚无的东西来显得自己很耀眼。而一个无论何时都不虚荣的人，一定是一个内心有极强的底气作支撑的人。这或许是一个信念，或许是一个目标，甚至可能就是一份坚定不移的信念。他们的这份底气使他们不屑于把时间花费在虚荣上。所以，亲爱的姑娘，适度虚荣并不可耻，但是过度虚荣却一定不是一件好事。学会淡然地面对生活中的一切，找寻到属于自己内心的安宁，你才能真正获得属于你自己的人生。

第04章

青春期女孩，你要有自我保护的意识

"保护自己"不论在任何时候，都是一个正确的做法。当危险来临时，所有的财富、地位、容貌、名声都是浮云。因为有了生命才能拥有这一切，当失去生命的时候，再多的财富、再美的容颜、再好的名声都将化为乌有。很多时候，我们并不是不懂得安全的重要性，只是不懂得如何保证自己的安全。因此，我们需要有人教导如何保护自己。成长的路上，学会保护自己的第一步便是拥有保护意识。

意外发生时先让自己冷静下来

生活中的意外有好也有坏，突如其来的灾祸可以称为意外，天上掉下的美事也可称为意外。总之，打乱我们原本平静生活的一切因素都可以称为意外。而不管是面对好的意外还是坏的意外，我们都需要一颗淡定从容的心。只有这样，我们才能不被打扰，走向更加美好的人生。

"中彩票"这样的美好意外可能是每个人都向往的，但我们可以从各种资讯中得知：并不是每个中了彩票大奖的人最终都能够生活得比以前好，很多中了大奖的人由于内心不淡定从容，一夜暴富之后变得浮躁难以控制，生活反而过得比之前更加糟糕；而有的人，即便得知自己中了大奖，兴奋之余仍很快回归理性，保持内心的淡定从容，合理规划这笔意外之财，生活从而过得风生水起。

有一个曾经的同事原本打算跳槽，总是跟我抱怨他的工作是如何如何不开心，赚得又多么多么少。就在我以为他距离跳槽不远的时候，突然之间，他仿佛变了一个人，轻松快乐了很多，再也不见他抱怨。更神奇的是，可能是由于他自己的心态发生了改变，做事比以前更加轻松活络，最后反而升了两次职，获得了更高的工资。后来，我们成为了很好的朋友后，我问及他转变的原因，他冲我嘿嘿一笑后才告诉我，原来他中了彩票。

很多人都会说，中了彩票之后不是更应该立刻跳槽吗？已经没有了经济压力，不是更可以放肆地离开了？但是同事说，并不是这样，他只兴奋了一整个晚上就恢复了理智，之后重新规划了自己的生活，生活还是在继续。他说："当时我正在做着什么事情，突然有一个奇怪的号码打给我，本来我以为是个什么骚扰电话，接通了之后对方告诉我中了一等奖。我走到办公室外面，跟他把中奖号码核对了一遍，发现真是中了一等奖，当时我的心里激动得就跟高考查分数那个晚上一样。当天晚上，我兴奋了一整晚，睡不着，一直在想着这笔钱要怎么花。第二天，我照常去上班，请了两天年假，去把中奖手续办理了一下，兑了奖。然后在公司附近买了一套120平方米的房子、一套40平方米的单身公寓，又买了一个门面房，接着用剩下不多的钱买了一辆代步车。办完这些事情之后，我的心里突然就安定下来了，心一安定下来，做什么事情也都变得顺利了。至今没有人知道我中了奖，除了我的父母。"

如今，这个同事仍然在公司继续上着班，过着比以前好一点的普通生活，只是物质上的财富多了，心里的底气便也足了。

人生就是这样，说不清楚什么时候就会上演一出"意外的美好"或者"意外的灾祸"，面对意外，一颗"平常心"就显得尤为可贵，就像曾经因为在手术室外面备课而红起来的河南商丘的一位老师一样。商丘市一高的语文老师李红，因为父亲生病住院，不得不一边照顾父亲一边备课工作。人们纷纷称赞这位老师，认为这位老师既敬业又很有孝心。这位老师因为一张偶然被拍到的照片而走红于网络，而像她一样的还有风雪夜中仍然坚守岗位的交警同志、带病坚持工作的警察同志、一边坐车一边学习的学生，他们的走红都是意外。然而，脱去意外走红这一层外衣，他们都是普通的群众百姓，更准确地说，他们每个人都是无数爱岗敬业人员中的普通一员。记者采访他们的时候经常会问这样一个问题："走红以后，你的生活和工作有什么改变吗？"对此，他们的回答也都出乎意料的一致："基本没有，我还是原来的我；如果说有的话，就是因为有更多的人认识我了，我工作的责任心比以前要更强一点。"其实，如果放在你自己身上，你也能够想象得出来：意外过去之后，工作还是得做，生活还得继续。意外过去后，剩下的也只会是平淡如水。

我们所生活的社会就像是一条川流不息的长河，生活在其中的我们，总是与各种意外不期而遇。不管你有多么烦恼，不管你有多么沮丧，生活并不会刻意善待你，各种意外仍然会接踵而至。面对突如其来的意外，慌张与逃避只能让问题更加糟糕。只有保持发自本心的淡定从容，才能最快地摆脱困境。遇到意外时，保持内心的淡定与从容能够让我们保持一颗清醒的头脑，转机到来时迅速抓住机会，不至于因为慌乱而白白错失良机；保持内心的淡定与从容要求我们训练自己，拥有一颗强大的心灵，这样才能够承受来自生活的各种意外并且良好地应对，追求更加美好的人生。

生命永远是最重要的

对于个人而言，生命是一切的基础；对于家庭而言，生命是寄托与希望。没有生命，就没有一切。道理很多人都懂，但是现实生活中，不明事理的糊涂人却很多。

我曾经在报纸上看到这样一则新闻：一户人家的家庭成员出门时都没带钥匙，而门被反锁了，煤气灶上还煮着饭，随时都有可能发生险情。就在消防人员接到救助消息，准备破门而入排除险情的时候，女主人却强烈反对。而女主人反对的原因仅仅是不愿意承担防盗门破拆后的修理费。她一直坚持让消防战士从二楼邻居家的阳台外侧攀爬到自家阳台上去，而经仔细查看后发现，此处并无攀爬空间，强行攀爬危险性极大，女主人的要求无疑是置消防战士的生命安危于不顾。本来很简单的一件事情，险情明明能够尽早排除，结果却只好调来32米曲臂登高车，杀鸡用牛刀，为了自家一点小利消耗了大量公共资源。

无独有偶，炎热的夏天，在一座商场前面的停车场里，一个五六岁的幼童被困在一辆私家宝马车里。他的妈妈看他正在睡觉，就将他独自锁在了车里去商场购物。炎热的夏天，地表温度都有将近32摄氏度，更别提密闭的车内温度会有多高。幼童在里面哭喊着拍打窗户，路过的陌生人看到求助的幼童，一边拨打电话找来消防人员，一边在商场里通过广播寻找这位母亲。半个多小时过去了，这位母亲依旧没有现身，眼看着车内的孩子越来越虚弱，已经没有力气拍打窗户，消防人员当机立断将车窗砸碎，救出了幼童。幼童被抱出来的时候身体发烫，浑身是汗，已然奄奄一息，众人忙将幼童抱到阴凉的地方降温去暑。1个小时之后，幼童终于苏醒过来，恢复了气色；而他的母亲直到此时才悠然出现。当她知道了整件事情的始末后，第一反应不是感谢众人拯救了她的孩子，而是查看已被砸坏的车窗，向众人索要赔偿……这样的行为不仅让竭尽全力帮助幼童的陌生人感到心寒，也在无形之中给幼童带来成长的阴影：在妈妈的心中，自己的生命还没有车窗玻璃重要。

在任何情况下，人的生命安全都应该是放在第一位的。如果没有生命安全，又何谈幸福生活呢？任何情况下我们都不应该将财产得失放在首位。毕竟，"皮之不存，毛将焉附？"

小李正当花季，是一个时尚优雅的单身美女。这天，因为公司有事，小李多加了一会儿班，直到夜里1点多才从公司往家走。回家的路上有一段僻静的小路，人烟稀少，小李一边祈祷着不要出什么危险一边快速向前，期盼着早点走到安全的地方。但往往越怕什么越会遇上什么，在即将走出巷口的时候，一个黑影闪过，小李顿时感到眼前一黑。"别出声，我只求财，把你的钱包交出来！"劫匪压低声音在小李耳边说道。"好，好，我给你，别伤害我就行。"小李一边慌张地说道，一边强迫自己尽快镇定。"我的钱都在钱包里面，你拿走吧，不要伤害我就好。"小李冷静地思考着，将钱包从手包中拿出来，用力向远方扔去。趁劫匪跑去捡钱包的时候，小李向反方向尽可能快地跑走了，她朝着远方的灯光拼命跑，看到人之后大声呼救。劫匪看到情况之后害怕地逃走了。

小李的策略明显是正确的，跟些许身外之财相比，遇到危险的时候保住自己的生命才应该是首要考虑的事情。然而并不是每个人都能理解通透。设想一下，如果每个不幸遭遇劫匪的人都能够将自己的生命安全放在第一位，那么这个世上该少多少本不应该发生的悲剧。每每看到某人因为不肯放弃自己的财物而惨遭绑匪杀害的新闻，抑或遭遇入室抢劫时盲目反抗呼救而惨遭毒手的新闻时，我的内心总是充满感慨与讶异：难道生命真的比不上这些所谓的财富吗？没有了这些身外之财，我们的生命还是可以继续，钱也可以再赚，而失去了生命，却是再多钱也换不回来的。

保护自己，珍爱生命。无论在什么情况下，我们都应该将自己的生命摆放在首要位置，时刻敲响安全的警钟。

提升自我保护意识，比学习保护技巧更重要

常言道："不怕一万，就怕万一。"许多危机的发生，或是由于目光短浅，或是由于经验缺失。其肇始时并不会被认为是多么严重的一个危机，但是正是因我们浑然不觉，任其发展，事情才会越发严重，最终变得一发不可收拾，造成非常严重的后果。

浏览近年来发生的很多新闻事件，我们都可以发现：最容易在我们身边发生的往往不是那些显而易见的危险，反而是那些我们并不认为有危险因而常常忽略的存在，最容易酿成悲剧。唯物主义哲学观告诉我们，物质决定意识，意识却对物质有着重要的反作用。并不是所有发生安全问题的人都是毫无任何格斗经验的普通市民，很多武术高手也会发生意外，这正是因为后者缺乏足够的安全意识。因此，时刻保持警觉，拥有自我保护意识，比拥有保护技巧更为重要。

菲力是一个有着一双迷人眼睛的5岁小女孩。有一天，她跟随妈妈去医院看望生病的老爷爷。回去的时候，在医院的走廊上，妈妈遇到一个相熟的朋友，便停下来聊天。菲力感觉很无聊，不一会儿，她就被前方热闹的人声吸引了。于是，菲力趁妈妈不注意，一个小跑蹿到了前面，她看到很多护士阿姨正聚在一起讨论着什么。她被护士阿姨们漂亮的服装吸引了，想走近看得更清楚

一点，不知不觉就跟着一位护士阿姨越走越远，离开了妈妈的视线。而妈妈此刻跟朋友聊得正高兴，丝毫没有注意到菲力已经走远了。

这时，有一位面色慈祥的中年男人笑眯眯地看着菲力，对她说："小朋友，叔叔迷路了，你可以帮我带路吗？"菲力想起老师曾经教导过他们要助人为乐。于是，善良的菲力满心欢喜地答应了。但是这位叔叔想要去的地方菲力却并不认识，于是菲力礼貌地回复："不好意思，我并不认识那里。"但这位叔叔却并不死心，又对菲力笑眯眯地说："小朋友，叔叔害怕打针，你可以陪我一起去，帮我壮胆吗？"菲力觉得很奇怪，因为她想起妈妈曾经告诉过她的话："一个人需要寻找帮助的时候，一定会向一个可以给他提供帮助的人寻求帮助，一个成年人绝对不会向小朋友寻求帮助。"于是，菲力坚决地跟这位中年男子说："对不起，叔叔，我要跟我妈妈一起回家了，不能陪你去了。"机智的菲力有点害怕了，赶紧往回跑，去寻找妈妈。此时，另一头的妈妈发现菲力不见了，也正在焦急地寻找菲力。

菲力将遇到的事情详细地告诉了妈妈，妈妈发觉这件事情没有那么简单，于是就联系了警方以及医院的保卫科。最终证实，那位中年男子就是警方一直在寻找的人贩子。每当菲力的妈妈回想起这件事情时，就感到一阵阵后怕，如果不是平时看到相关新闻的时候顺嘴告诉过菲力，那么很有可能，这次她就会失去可爱的菲力了。

上述案例中的菲力正是听从了妈妈的安全教导，在遇到陌生人寻求帮助的时候才会多留一个心眼，勇敢拒绝奇怪的要求，保护了自己。韩国电影《素媛》同样也讲述了一个儿童遭遇危险的故事，然而里边的主人公正是由于安全意识缺乏，最后的结果却与菲力天壤之别。主人公素媛是一个漂亮善良的5岁小女孩。有一天，素媛背着小书包准备出去上学，这时外面却下起了雨，妈妈拿出一把黄色的小雨伞叮嘱素媛要走大路去上学。活泼的素媛却在上学的路上走了一条小路，并遇到了一个没有雨伞的大叔。大叔问素媛，他能不能和她一起撑伞，素媛看到大叔被雨水淋湿的头发，觉得大叔很可怜，于是，善良的素媛答应了。

看过电影的人都知道，素媛的善良与乐于助人并没有像教科书中教导的那样让素媛得到快乐，而是让她遭遇了改变她一生的悲剧，遭遇了你能想象到的最邪恶的毁灭。正义的到来并不容易，尽管犯罪事实显而易见，狡猾的罪犯却利用素媛的诚实与善良，成功地钻了韩国法律的空子。败诉之后，鼓起勇气准备重新生活的素媛被无良媒体和缺乏善意的群众再次伤害。影片中有这样一幕：素媛在遭遇伤害之后不愿意说话，有一位心理医生对她进行治疗。素媛问医生："我不知道我做错了什么。老师教过我们要助人为乐，于是，我在看到大叔没有打伞之后就帮助了大叔。可是，现在为什么所有人都在指责我，为什么没有人来表扬我？医生，我做错了什么？"素媛的提问让人从心底感受到了社会的残酷与人性的邪恶，让人充满了无力感。

对于孩子来说，很多事物都是新鲜有趣的。任何人作为父母都难免会有疏忽，当遇上危险的时候，父母是否在平时生活中给予了孩子正确的安全常识教育就会成为孩子能否成功脱险的关键因素。

安全意识的培养不仅对于孩子有着极其重要的作用，对于已经成年但同样是弱势群体的女孩也一样重要。面对天然悬殊的力量，任何保护技巧都会显得不堪一击。唯有加强心中的安全意识，时刻保持警觉，才能真正做到防患于未然。

不要让自己走入安全禁区

经常在网络上看到这样的新闻：遭受丈夫家暴的妻子，为了给子女一个所谓的完整的家，常年忍受来自丈夫的拳打脚踢。但悲剧的是，妻子这样的隐忍并没有换来丈夫的任何改变，反而是变本加厉的冷漠以及残暴。而妻子一厢情愿给孩子营造的"完整家庭"其实并没有给孩子带来真正想要的安全，反而增加了孩子内心对成人社会的恐惧与不安。每每看到这样的新闻，我并不认为这样的妻子有多么的伟大，反而感觉所谓的"给孩子一个完整的家"的理由只是妻子懦弱、逃避现实的一个借口。正确的做法应该是果断远离这样的危险，带着孩子回归正常的安全生活。家庭的组成方式有很多种，父亲的缺席所带来的后果远远小于让孩子常年生活在恐惧和自卑之中。就像大火的印度电影《神秘巨星》，或许有诸多因素让你只能暂时忍受身边无法逃避的"安全隐患"，但不管在何种情况下，我们都不应该放弃努力的希望，一旦有所转机，应当机立断，回归安全生活。

在电影《神秘巨星》里，15岁的天才少女尹西雅在音乐上非常有天赋，一心想要追逐自己的音乐梦想。但不幸的是她却有一个大男子主义和重男轻女思想严重的父亲，她的父亲不允许她接触音乐，只让她好好读书，而好好读书的目的只是为了她以后嫁人的时候可以作为筹码为他争取更大的利益。尽管如此，尹西雅并没有放弃自己的音乐梦想，仍然想尽办法以自己的方式追求音乐，最终大获成功。电影中的主人公虽然是这位天才少女，但是真正让人敬佩的却是她的母亲。尹西雅的母亲娜吉玛是一个典型的传统印度妇女，她没有工作，在家里照顾丈夫、姑婆以及子女的生活起居。同印度社会中很多悲剧的家庭一样，娜吉玛对家庭的付出并没有换来丈夫的感恩与善待，反而稍有不慎，就会换来一顿拳脚。有一次，仅仅因为娜吉玛煮的饭菜多放了一点盐，她的丈夫吃着感觉有点咸，便当场将娜吉玛端在手上的饭菜打翻在地。紧接着，他责问娜吉玛有没有将他明天出差的行李收拾好，娜吉玛害怕地回答她以为他后天才会出差，因此还没来得及收拾。果不其然，娜吉玛的失误换来了丈夫盛怒之下的一次家暴。夜晚，丈夫安然入睡，剩下可怜的娜吉玛独自收拾着他出差要用的行李。女儿尹西雅看不过去，因为心疼妈妈，便劝妈妈鼓起勇气离开丈夫，而娜吉玛总是摇摇头。第一次看到这里时，笔者的内心完全认同尹西雅的无奈与叹息——"妈妈是个笨蛋！"——并以为娜吉玛只是数千万受压迫的印度女性中的一个懦弱缩影：常年遭受家暴却仍然不敢离开丈夫的庇护独自出去闯荡社会。直到后来，她的丈夫变本加厉，想要带着他们一家人离开一直生活的城市，并将尹西雅许配给他上司的儿子用以换取更高的职位。在飞机场检票进站的时候，丈夫想要丢弃尹西雅视如生命的吉他，此时，娜吉玛才终于爆发，鼓起勇气同丈夫离婚，果断地带着他们姐弟离开了这个残暴的丈夫。至此，娜吉玛的隐忍与坚强终于表露出来，她并不是一味地逆来顺受，只是有所取舍。尹西雅在音乐梦想上获得初步成功之后，基本生活有了保障，娜吉玛就果断离开了丈夫这个安全隐患，勇敢地带领姐弟回归正常的安全生活。

远离安全隐患才能够回归正常的安全生活，安全生活应该是我们在社会中的一个生存底线，一个连保护自己生命安全的勇气都没有的人，又何谈做成其他事情呢？就像影片中的娜吉玛，两个孩子的健康与快乐就是她的生存底线，在没有危及底线的前提下，娜吉玛无论遭受多少委屈都选择继续隐忍：她会去偷丈夫的零用钱给尹西雅购买吉他，她会偷偷将自己的金项链变卖去给尹西雅购买电脑，她会在当初她的丈夫得知尹西雅是个女孩执意要她流产的时候，偷偷跑出去躲起来独自生下尹西雅……她并不是不会反抗，而是在用自己力所能及的方式做抗争。最终，依旧是因为她视如生命的两个孩子，勇敢的娜吉玛选择了离婚。因此，你的身边存在安全隐患并不可怕，是否有勇气果断离开才是你应该正视的问题。当你的身边有着严重安全隐患的时候，请不要犹豫，果断远离，不仅为了你自己，也为了你的孩子和亲人。

坦然拒绝，保护自己的合法权益

学会拒绝是一个永远都不会过时的话题，有人认为拒绝很简单，但对于不会拒绝或者不清楚如何说"不"的人来说，开口拒绝却是很难的一件事情。依稀记得陈乔恩主演的台湾偶像剧《王子变青蛙》里有这样一段：女主角叶天瑜被公司的所有人称为"便利贴女孩"，因为她虽然跟大家一样都是普通公司职员，却是一个"老好人"。所谓的"老好人"便是有求必应的人，她从不会拒绝别人，总是无条件地满足所有人的要求。很多时候，即使她很忙很累，也想对别人说"不"，但是只要别人露出为难的神色或者可怜的表情，不用别人再多说，她自己就会收回这个"不"字。久而久之，不管她多累多忙，仍然会对别人有求必应。而其他人也渐渐习惯了对她的使唤，她的付出被认为是理所当然，要求她帮忙的事情竟慢慢从工作一直延伸到生活之中。于是，可怜的女主角就这样变成了"便利贴女孩"，随时随地，只要任何人需要，就可以把她贴在那里。

"便利贴女孩"在现实生活中其实并不少见尤其是职场中的新人，由于怕无意中得罪人，便对他人的要求有求必应。时间长了，如果没有及时改变，其他人便把他的付出认为是理所当然，渐渐地就形成了使唤他的习惯。

拒绝别人并不是说绝对冷漠、拒人于千里之外，而是在自己能力范围之内，在保障自己合法权益的前提之下，学会在拒绝与迎合之间把握一个度。别人有求于你的时候，你不能丝毫不考虑便满口答应。有些时候，别人请你帮忙并不是因为他们真的做不到，而只是他们想要偷偷懒，而此时善良的你，只是白白被利用了善心，成为帮他们打杂的。生活中我们或多或少都会遇到一些难处，在别人真正有困难的时候伸出自己的援手是一件非常美好的事情，可以让我们的内心变得快乐；但是如果别人丝毫没有考虑你的难处，只是一味地要求你来帮助他们，那么，这样的忙，我们不帮也罢。

电视剧《欢乐颂》里面有这样一段：关雎尔作为一个职场新人，因为害怕得罪人，同时也想跟同事搞好关系，对同事的要求总是满口答应。她自己已经连续加了很多天的班，已经多做了很多本不属于自己的工作，累到在卫生间都能睡着，但同事还是对她说："我今天感冒了，想回去早点休息，但是我的工作还没有做完……"这时关雎尔明明已经很累了，也很想早点回去休息，却还是会满口答应下来："你回去吧，剩下的我帮你来做。"但是，她半夜一个人回去的时候，又会抱怨自己为什么不懂得拒绝别人，甚至有的时候明明自己已经有了安排，却为了帮助同事不得不放弃自己的计划。

关雎尔的善良最后得到她想要的回报了吗？事实上并没有。有一次，她熬夜帮同事做了一份工作。同事做的那一部分出了错，但是因为最后是她签的名，结果领导怪罪下来，纵使她再委屈也不得不承担责任。你看，这种不忍拒绝的善良给她带来了多少麻烦。

我们每个人都生活在一个关系社会里面，总是少不了礼尚往来。然而，懂得互相体谅才是我们互相帮助的前提。当别人只是贪图自己享受，只是利用我们的善良和心软来寻求我们的帮助的时候，我们就应该果断地拒绝，保护自己的合法权益。如果你的合法权益你自己都不去争取，又怎么能指望别人来替你保卫呢？就像关雎尔那样，连续加了很多天的班，最后累到在卫生间都睡着了，而那些总是找她帮忙的人并没有心疼她的疲惫，依旧想要麻烦她、压榨她。

有这样一则新闻：在北京的地铁上，当地铁靠站停车的时候，有一名成年男子连续推搡两个女孩，想要让她们赶紧下车。不仅如此，这名男子嘴里还一直在咒骂着。看到这样的新闻，我们的第一反应一定是责怪这名男子心胸狭隘，一定认为是他在欺负这两个女孩。这则新闻在社会上引起轩然大波，人们在新闻底下评论这名男子没有素质。最终，这名男子不堪忍受，在微博上替自己辩护。原来这两个女孩是微商推销员，一直缠着他做推销，他一开始已经拒绝了好几次，但是这两个女孩还是缠着他，最后他实在忍受不了，没有控制好自己的情绪，才做出了极端行为。

如果这是事实，那么这名成年男子的心情倒是可以理解。但是他也应该反思：是不是自己拒绝得不够干脆？有时候拒绝别人不仅要坚决，还要果断。既然已经决定不给别人机会，那么就不应该再给别人希望。拖泥带水、优柔寡断只会让伤害扩大。其实别人在向你寻求帮助的时候，并没有抱着一定会成功的想法，但是你东拉西扯的委婉表达反而让别人以为你这里还有希望。

当你决定要帮助别人的时候，应提前考虑清楚，这个忙是否在你力所能及的范围内。如果不在你的能力范围内，那么不要犹豫，也不要于心不安，当必须有一方失望的时候，果断拒绝才能将伤害降到最小。

和身边的人一起进行安全练习

不过我们也要注意，有了足够的安全意识并不能保证遇到危险的时候就一定能够及时应对。人的生命是最为宝贵的财富，掌握自救知识更能在危难中给我们通往安全的宝贵钥匙。很多人都会购买保险，购买保险的目的都是以防万一，而掌握一定的自救知识、开展安全练习也如同保险一样，都是宁可一生不用，不可一时不备。

开展安全练习应该找熟悉的人一起配合，越是熟悉的人，我们的信任度便会越高，便越容易放下戒备的心，而很多安全事故的发生也正是在不经意间由于一时放松戒备而引发的。例如幼儿被拐卖以及大学生被骗进传销组织多是由于此类原因。因此，非常有必要让弱势群体通过与熟悉的人开展安全练习，从而学习到事故发生时的正确应对方式，以策安全。

明明是一个即将上幼儿园的小朋友，爸爸妈妈为了明明上学以后的安全问题煞费苦心。为此，他们特意挑选了他们认为最安全的一所幼儿园。开学了，明明在幼儿园里认识了很多的新朋友和新老师，为此，明明很开心，每天想要跟着新朋友们一起上下学，并拒绝了奶奶的接送，因为她觉得奶奶走路太慢了。但是爸爸妈妈并不同意明明独自上下学的要求。于是，明明总是在放学回家的路上故意跑得很快，让奶奶追不上她。为此，明明的家人很苦恼。

有一天，明明又跟往常一样，趁奶奶不注意跑到了距离奶奶很远的地方。明明开心地东奔西跑，一不小心撞到了一个男人的腿上，抬头一看，原来是幼儿园的门卫贾叔叔。贾叔叔问明明怎么一个人回家，明明便将奶奶走路慢的事情告诉了贾叔叔。贾叔叔笑着牵起明明的手，说："那叔叔走路快，叔叔带你去前面的公园玩一会儿，到时候你奶奶也该赶上来了，好不好？"明明很高兴地答应了，跟着这个贾叔叔一蹦一跳地向前走。到了公园门口，贾叔叔却还拉着明明继续往前走。贾叔叔告诉明明，他知道一个更好玩的地方，很快明明就跟着贾叔叔走到了一个明明不认识的地方，那个地方也没有什么人。明明开始有点害怕了，她对贾叔叔说："叔叔我想回家了，一会儿奶奶找不到我该着急了。"可贾叔叔却没有任何想要带明明回去的意思，反而将明明抱起来，更快地大步向前走。明明在贾叔叔身上使劲挣扎着，却发现没有任何用，这时才想起爸爸妈妈曾经对她的叮嘱：不要跟除了奶奶以外的任何人一起走，就算是认识的人也不可以。明明想起家里的爸爸妈妈，想起奶奶烧的菜，想起家里心爱的玩具，焦急地哭了起来，但贾叔叔丝毫不理明明，继续往前走着，明明更加害怕了。

就在明明不知所措的时候，爸爸妈妈出现了，他们从贾叔叔手上将明明抱了过来。明明在妈妈的怀里委屈地大声哭泣。原来贾叔叔是爸爸妈妈请过来专门与明明进行安全练习的好朋友，之所以没有提前告诉明明，就是为了测验一下明明对于安全问题的警觉性。通过这次练习，明明终于明白了爸爸妈妈的苦心，以后每次放学之后只跟着奶奶走。

很多时候，没有亲身经历过的事情，我们往往是不会放在心上的。对于小朋友而言更是如此，即便能够牢记爸爸妈妈说的话，但因为年龄幼小也不能完全理解，只有通过"身临其境"的安全练习才能真正达到教育效果。

安全练习的目的虽是以防万一，练习中的情况并不一定会发生，但是我们也不能忽视安全练习中的规范细节。只有将安全细节演练到位，安全练习才能达到真正的效果。

曾经有一个小和尚跟随一个老和尚学习剃头，老和尚让他先在冬瓜上练习手感。小和尚学得很是用心，每次都能成功地把冬瓜的绒毛剃干净而又不伤害冬瓜。但是，小和尚有一个很不好的习惯，就是每次给冬瓜剃完，他一高兴就会随手将剃头的刀插在冬瓜上。

小和尚凭借出色的悟性和勤奋的练习很快就学成出师了。正式出师这天，老和尚决定做小和尚的第一个剃头对象。开始小和尚剃得很认真，也很仔细，老和尚舒服地闭上眼睛开始享受。殊不知，意外还是发生了。小和尚像往常一样，结束剃头之后，随手将剃头的刀插在了"冬瓜"的身上，只是他忘了，这次剃头的对象并不是冬瓜，而是老和尚。老和尚疼得晕了过去，也后悔不已：平时每每看到小和尚将刀插到冬瓜上的时候，自己是想提醒一下的，但是总认为这只是一件小事，一直没有开口，现在却让自己白白挨了一刀。

这个故事有点搞笑也几近荒诞，但是在现实生活中，这样的事情却很常见。事故的表象各有不同，本质却很一致——对看似不太会用得到的安全练习麻痹大意，最终习惯性的不规范行为还是造成了危害，而且来得更让人不知所措，也更为致命。故事中的老和尚如果早在发现小和尚有这种不规范行为的时候及时制止，那么他也不会挨上这一刀了。

其实在我们的工作生活中也有许多这样的习惯性不规范行为，这种行为我们就称为"习惯性违章"。仔细思考不难发现，这种习惯性违章发生的主要原因就是当事人的安全意识不强，存在侥幸心理，错误地认为习惯性违章不算违章，甚至别人指出或纠正的时候会斥责其"小题大做"。殊不知，这种细小的违章行为却埋下了安全事故的种子，成为日后灾祸发生的根源。

第05章

女孩要提升防范意识，机智应对"大灰狼"

人生在世，在经历过第一次"被欺负"之后，大部分长辈都会教导我们："害人之心不可有，但防人之心却绝对不可无。"小时候未必理解，长大后却深以为然。女孩作为人类中的弱势群体，无论何时何地，都应当具备一定的防范意识，只有学会保护自己，才能避免受到诸多伤害，尤其是要加强对于性侵害的防范，因为一失足便会成千古恨。

从正规渠道了解性知识

在国内,"性"似乎是个非常敏感的话题,是一个人们都羞于谈及的话题,尤其是出生于20世纪80年代之前的父母们,对子女的教育中从未有过相关的话题。但其实,性知识其实同我们学习的其他学科知识一样,是人类在不断探索自身发展规律的过程中对经验的总结,是人类文明和智慧的结晶。亲爱的姑娘,我要告诉你的是:不要羞于了解和掌握性知识,它会让你消除对性的神秘感,促进对自身生理和心理发育状况的了解。掌握正确的性知识,不仅能让我们平稳度过青春期,还能让我们更好地去学习与生活。但是,亲爱的姑娘,一定不要自己偷偷摸摸地私下了解性知识,而要大大方方地从正当渠道了解。这两种渠道所能获得的体验必定是截然不同的。

人有七情六欲,对于性会有渴望完全是一件正常的事情,并没有任何值得羞耻的。因此,我们应当通过正当渠道去学习必要的性知识,这也应当是我们正确对待性文化的基本前提。根据一项对中学生性知识掌握程度的调查,我们得知:91%的男生和92%的女生并不了解与自己有关的性知识,有很多关于性的疑惑,希望能够通过专业的渠道来获得解答。然而,最终他们获得的解答有72%都是自己从医学书籍、报刊以及影视剧中得到的,而他们也无法确定这样的答案是否正确;另有21%以上的答案是从与同学、朋友的讨论中得到的，这样的答案更不知正确与否。调查结果显示，家庭与学校是青少年获得性知识最少的两种渠道，虽然它们原本应当是青少年获取正确性知识的最正当渠道。我认为，其中虽然有中华民族文化传统与各自家庭的原因，但究其根本，青少年的个人原因也是不可忽视的。亲爱的姑娘，如果你想要知道有关性的一些知识，请大大方方地向你的父母求助。另外，你也可以选择购买一些专业的出版社出版的有关性的专业书籍进行学习，以获得最专业、最客观的讲解，破除性的神秘感，进而更加懂得该如何保护自己免受侵害，健康成长。

20世纪70年代，我国刚刚恢复高考。有一对夫妻，双方都是博士，各自在专业领域内小有一番作为。他们结婚3年，女方却没有任何怀孕的迹象，于是便到医院去检查身体，查看是否患有身体上的隐疾。结果换了好几家医院，两人都没有查出有什么疾病，于是医生便劝他们不要着急，让他们回家好好调养，可能只是时间问题。

时间又过去两年，女方还是没有怀上孩子。这时，家中的老人终于坐不住了，带着他们奔波于各大医院，但是最终的检查结果都是没有什么疾病。于是有人建议他们去看心理医生，做心理筛查，看看是不是科研压力太大而导致的。心理医生给他们做了详尽的心理筛查，发现这两人的心思都极其单纯，各自在专业领域内奋力拼搏，也并未有什么不愉快，他们对于人生的态度也很豁达，并不像是饱受压力折磨的模样。

最终，心理医生多次沟通无果，家里人几乎准备放弃了。直到邻居家的大姐过去找女方聊天，想要传授一点生子偏方，才发现了一个让所有人大吃一惊的事实：女方居然还是处女之身。原来，尽管两人已经结婚5年，却没有过一次性生活！并不是两人都太忙没有时间，而是两个"学霸"竟然都不懂得怀孕分娩首先需要有性生活，两人一直以为电视剧中演的"相拥而眠"就是所谓的夫妻生活。这也就难怪夫妻俩结婚这么久没有小孩了。

这两个博士生的故事听来让人觉得好笑又荒诞，两人都是科研领域内的顶尖人才，却连最基本的生理常识都不了解，由此可见，很多有关性的知识如果没有专业渠道去传授，的确会给人们造成极大的困扰。对于很多人来说，也并不是每一件事情都会像父母辈认为的那样"不用教自然就会"。

在现今这样信息高速发展的社会，这两个博士生的荒诞故事或许不会再存在。但我们仍然提倡要通过专业规范渠道获得正确的性知识。生活在一个信息爆炸的时代，你永远都不用发愁没有渠道获得想要的信息，即便你不想，也总会有很多信息不请自来。但也正因如此，我们更加应该通过专业渠道了解必要的性知识。

举止得体，才能获得他人尊重

语言不仅是社会交往的工具，更是人们表达意愿、思想、感情的符号和媒介，同时还是一个人道德情操、文化素养的反映。可以想象，在与他人的交往过程中，一个女孩如果能够做到言之有理、谈吐文雅，即便外形条件再不出众，别人仍会对你印象深刻、刮目相看。反之，如果一个女孩满嘴脏话、恶语相向，那么，我相信即便有再美丽的外表，应该也不会有多少人能够接受。就如同灰姑娘与她恶毒的姐姐们，你会更喜欢谁？

言行得体，就是语言、行为合适，令人舒适。合适、令人舒适的标准很宽泛，没有一个绝对的标准，但是对于社会中大多数人来说，合适与舒适的标准绝对不会是"满嘴脏话""恶语相向"等，而"言之有理""谈吐文雅""落落大方"这些一定不会是错误的。

莫扎特6岁的时候，在德国慕尼黑市的皇宫举行第一次演奏会。因为皇宫中的地板太过光滑，年幼的莫扎特一进皇宫的大门就滑倒摔了一跤。这时，不知从哪里跑出来一位小公主，她扶起了跌倒的莫扎特，还亲吻了他的手。年幼的莫扎特一下子就被征服了，他不知道如何感激这位美丽的公主，便向她许诺："长大以后，我一定要娶您为新娘。"皇宫内的其他人听了都哄堂大笑。

皇室中富有的公主自然是不需要等着莫扎特来迎娶的，但是从上面的这个小故事中，我们却可以看出小公主善良得体的言行给人们留下的美好印象。只是一个简单的帮助别人的小动作，就让同龄的异性倍感亲切，并许诺用一生来守护。由此可见，得体的言行力量是多么强大！

亲爱的姑娘，言行得体不仅是你良好修养的表现，更是你内心强大的反映。因为只有内心真正强大的人，才能够控制自己的言行，不会失态，更不会情绪失控，歇斯底里。就好比，你可以选择充满力量地大声喊叫，你也可以充满激情地高声歌唱，但是你却不会声嘶力竭地嘶吼。一切都是那么恰到好处，尽在你的掌握之中。到那时，很多事情不用说也会自然而然地发生。当你想要疾言厉色地吵嚷的时候，告诉自己，安静下来，选择和风细雨；当你想要大声呵斥对方的时候，告诉自己，保持淡定，学会容忍谦让，选择柔声细语；当你抑制不住犀利的言辞的时候，提醒自己，学会收敛，选择微笑应对。而当你明明可以选择疾言厉色，你却主动选择了和风细雨，这样的情况下，即便外貌条件再差，也必定会遇到懂得欣赏你的异性。而你的人生，也会因为能够驾驭这样大的"跨度"而变得更加美好。

电视剧《甄嬛传》中的女主角甄嬛，在得到盛宠的时候，仍然不忘告诫自己不管对待任何人都要言行得体，哪怕是地位比她低下许多倍的奴婢，她也仍旧宽容以待。甄嬛不仅这样要求自己，也这样要求自己身边的婢女浣碧，一再叮嘱她要得体地对待别人。浣碧喜欢耍些小性子，甄嬛知道她的秉性，便在许多时候刻意提点，让她低调，不要得罪人。这样的做法，固然跟皇宫内危机四伏的利益争斗不无干系，很多看似地位卑微的奴婢，其背后不知会有如何强大的权势存在；但从为人处世的另一角度来说，甄嬛这样谨小慎微、得体对待他人的态度才是她日后得以从皇宫外成功回归、个人魅力更胜从前的原因所在。

电视剧中，果郡王对待甄嬛可谓是真爱，为了她几次三番涉险，最后甚至牺牲了自己的生命。而回顾两人的感情发展过程，更加令人敬佩的是果郡王对甄嬛"发乎情，止乎礼"的敬重态度，正是这一点，让甄嬛认定果郡王是一个懂她的君子，而不是趁她落难想要欺负她的小人。其实，笔者以为，是因为甄嬛之前在宫中对待果郡王时得体的态度和言行铺陈在前，果郡王才会如此敬重地对待甄嬛。在皇宫内，甄嬛与果郡王就有过几次"邂逅"，如果换作其他妃子，必定会想方设法取得这位皇帝最信任的兄弟的好感，以求他日有所关照。而甄嬛从未如此过，她始终待果郡王如同一个潇洒自在的陌生王爷，除了以礼相待，再无半点越矩。同时，在果郡王隐晦地表现出爱慕之情时，甄嬛选择视而不见、听而不闻。试问，这样的才情与聪慧又会有哪个男子不倾心？

亲爱的姑娘，说话本身就是用来向别人传达思想感情的。所以，说话时的神态、表情都很重要。就好比你向别人表示祝贺的时候，如果只是嘴上说得十分动听，表情却是冷冰冰的，那不用说，对方一定会认为你是在敷衍他。如果这时你说话态度诚恳亲切，对方一定会认为你是一个表里如一的人。你想要传达什么样的情感给别人，就用什么样的言辞神色去与别人沟通。所以，亲爱的姑娘，要想获得异性的尊重，首先我们就要做到自己言行得体！只有你的言行得体，才能获得异性的尊重。

女孩可以学点防身技巧

亲爱的姑娘，誓言不仅是口头说说而已，要用实际行动来实现；梦想不仅是凭空想想而已，要用青春来拼搏；保护自己的方法不是坐而论道就可以，而是要用防身技巧来实战演练。在面对危险时，要学会逃脱躲避。这时，掌握一些防身的技巧，利用一些防身工具，是明智之举。关键时刻，远水解不了近渴，求人不如求己。

亲爱的姑娘，将时间花费在学习防身术上是很有意义的，远比你追剧吃零食要有意义得多。学习防身术不仅能够保持健康体魄，而且能够提升训练专注度。通过有限的训练时间让自己学会思考，将生活的烦恼宣泄掉，成为更好的自己。亲爱的姑娘，重新规划自己的人生吧，每周只需匀出一点你的休闲时间，就能学习保护自身安全的防身术，它不仅能够增强你的体质，防患于未然，还能够使你在遭遇危险的时候心里有底，增强你的自信。很多时候，气质的提升与人的精神状态关系很大，发自内心的安全感与满足感会让你在面对任何突发状况时更加淡定从容。

25岁的兰兰正当花季，她独自在外务工，租住在某个街道的居民楼里。2014年5月的某一天，兰兰正在自家的卫生间内梳洗化妆，突然闯进来一名男子，从后面用手臂将兰兰的脖子卡住，并把兰兰拖到卧室欲行不轨。兰兰心里非常害怕，但是仍强作镇定，想着该如何脱身。她假装答应男子与他发生关系，但是提出要去客厅拿安全套说这样更安全。男子相信了兰兰的话，便将手放开，让兰兰去客厅拿安全套。兰兰来到客厅之后，迅速翻出放在抽屉内的防狼喷雾往门口跑。男子觉察到了兰兰的意图，马上追到客厅去拉兰兰，兰兰迅速朝男子喷防狼喷雾，并趁男子抹眼睛的时候使尽全力将其推到门外，迅速关上防盗门，返回屋内，镇定报警。

几天之后，该男子因为盗窃、强奸未遂而被公安机关抓获。经查，该男子姓周，曾经因为强奸罪而被判刑，2013年10月刑满释放。出狱之后的他没有固定工作，经常流窜作案，入室抢劫，遇到单身女子便动劫财劫色之念。当天，他见兰兰家的防盗门没有关，便进去准备偷窃，遇到兰兰衣着单薄正在化妆，便生了歹念，不料碰到兰兰这样一个懂得防身的机智女孩。随后，人民检察院对他以盗窃、强奸未遂提起了公诉。

上面的案例，是犯罪嫌疑人多次利用入室盗窃的机会，对单身女性实施性侵的案件。亲爱的姑娘，平时独自在家时一定要增强防范意识，注意关好门窗，不要给坏人任何可乘之机。当发觉外面有可疑人物并且单身一人时请不要独自出门查看，应当打电话报警或者找来朋友以策安全。不管何时何地，我们都一定要记住，人身安全才是首位，遇到危险时一定要保持冷静，机智地与坏人周旋，尽量避免和坏人发生正面冲突，一旦发现坏人有所松懈，立刻抓住机会，积极自救。

亲爱的姑娘，学会适合自己的防身技巧，很大程度上可以在遇到危险的时候拯救自己的生命。防身术不仅可以依靠学习一些格斗技巧来实现，也可以通过随身携带防狼喷雾、小电击棍来实现。在遇到突然袭击的时候能够及时使用、增强自己的防身能力的就是适合自己的防身技巧。亲爱的姑娘，拥有一定的防身技巧并不是一定要将坏人打倒在地,而是让自己在遇到袭击的时候,能够有效遏制坏人继续施暴的可能,为自救赢得宝贵的时机。

  亲爱的姑娘,意外往往就发生在你没有防备的一瞬间。如果我们有幸提前学习了一定的防身技巧,具备了一定的防身技巧,懂得如何自救,那么意外就不会成为意外,而只是生命中的一个小插曲。所以,花费一点时间,学习一点防身术吧。为了爱你的以及你爱的人,保护好自己的生命安全,学习好保护自己的技能。有则用之,无则备之,这样的人生岂不很帅?

不与亲人以外的任何异性单独相处

都说"人心险恶，世事无常"，仿佛这个世界满是会让我们受到伤害的坏人；又都说"远亲不如近邻"，似乎这个世界并没有我们想象的那么邪恶不堪，生活中还是好人居多。但其实，这个世界并没有那么坏，但也绝对没有我们想象中的那么美好，很多悲剧的发生往往就是因为我们太过天真，太过相信极致的美好。我们所倡导的既不是完全地拒绝这个社会中的一切，也不是天真到对所有可能发生的事情毫无防备，而是坚持"安全第一"。因为，每个人的生命都只有一次。没有了生命，即便你再美、再聪明也都只是空谈。所以，亲爱的姑娘，不管你用什么样的心态面对这个世界上的两性关系，不管你身处什么样的环境，不管你如何相信周围的异性朋友，"安全第一"始终是我们应该坚守的底线。

与异性相处的时候，我们该如何保护自己的安全？最有效、最直接的方法就是不与父亲以外的异性单独相处，避免落单的可能，避免出现意外的可能。亲爱的姑娘，不要以为所有的意外都离你很远，所有的拐卖、迷奸案件都是危言耸听。事实上，很多时候这些案件就是隔壁村王二的事情，而且一不小心对象就有可能变成你自己。

再次见到小云，她的变化让我大吃一惊。眼前这个神情呆滞、目光闪躲的女孩是我无论如何都不能与印象中的小云联系在一起的。还记得我们初次见面的时候，小云活泼开朗，待人热情，见谁都是笑眯眯的。"不知从什么时候开始，小云开始害怕见到生人，不愿意跟人多说话，后来慢慢地越来越沉默，现在见面能跟你微笑一下就很好了。"小云的妈妈愁眉苦脸地对我说道。"发生什么事情了吗？有没有带小云去看一下心理医生？"我赶忙问道。小云的妈妈欲言又止，脸上的神色却流露出许多的悲伤与后悔。

后来我们又见了几次面，小云对我又熟悉了起来，神色也不是那么害怕了。每次见面，我都会提前做好一些功课，想着该如何帮助小云一步步走出来。刚开始的几次见面，我们并没有过多的交流。打开舒缓放松的音乐，我在一旁忙着我自己的事情，小云就在一旁谨慎地观察我。终于，在独处了几次以后，小云开始不再害怕我，当她困了想要睡觉也可以舒服地、自顾自地睡去。后来，小云见到我开始微笑。再后来，她开始跟我说话。我从来不主动开口问她经历过什么，我知道这一定很难，我等待着，等待小云主动开口跟我说。终于，又过了很久，小云把她的故事告诉了我。

小云说她永远都不会忘记那一天。那是5年前，小云13岁，刚刚升入初一。那一天，小云的爸妈都出去了，只有小云一个人在家。没过多久，就有人过来敲门，是隔壁李叔的儿子李龙，比小云大4岁。两家的关系很好，李叔经常带着李龙到小云家来玩，两家人也经常开玩笑地说以后要结成亲家，变成真正的一家人。小的时候，李龙经常过来找小云一起玩。之前两家父母都在，两个人在房间一起聊天玩耍的时候并没有觉得有什么不妥，但是随着两人年龄的增大，在一起玩耍的时间也越来越少。李龙仿佛遇上了什么不开心的事情，说要找小云聊聊天。善良的小云像儿时一样将李龙带到了自己的房间，李龙却反手将房门锁了起来，后面的事情发生得猝不及防，更出乎意料……

小云说："我整个人都是蒙的，也很害怕，但是我不敢告诉我爸妈，因为李龙从小就很优秀，说出来我爸妈一定不相信。"我曾问过小云，为什么那么害怕告诉爸妈，为什么不报警？小云说，她曾经想告诉妈妈，但是妈妈却只会每天催促她加紧学习，责怪她越来越内向不懂事。"我觉得我妈妈一点儿都不理解我，我不想跟她说，说了她也不懂。"小云说道。

得到小云的允许以后，我将实情告诉了小云的妈妈。小云的妈妈泪如雨下："我以为是我一直批评她，所以她越来越胆小，谁能想到我不在家的时候还发生过这样的事情。"

像小云这样的事件并不是个案。很多时候，我们以为能够伤害到我们的都是穷凶极恶的歹徒，因此，我们竭尽所能地防备来自外部的陌生人，却忘了防备很多在我们身边的"熟人"，结果正是对身边相熟异性的信任与放松才造成了诸多的悲剧。公安部门的调查报告显示，有60%的类似案件都是发生在熟人异性之中。不与除父亲之外的异性单独相处、不单独外出应成为我们每一个女孩都熟记的常识。

对于性要求要坚决拒绝

走在路上，我们都会有这样的经历：一些健身房或者美容院的推销员，他们或在寒风中、或在骄阳下拿着手上的宣传单，见人就问："健身吗？需要办健身卡吗？我们现在有优惠活动的，需要了解一下吗？"其实，这种街边的推销模式，很大程度上都只是在碰碰运气。如果不是很感兴趣的人，可能对这些推销员看都不会看上一眼，而对于这种纯属路过的人们，这些推销员也不会花费力气纠缠。

曾经有那么一次，时值寒冬，我看到一个人在寒风中瑟瑟发抖却还在不断地推销。出于心底的善意，我就停下脚步，接过宣传单并简单询问了两句，结果可想而知，这名推销员就"黏"上了我。但其实我根本不想办健身卡。因此，我加快了离开的步伐，尽力回避他的问题，但是这名推销员依旧紧跟着我，极力要求我留下联系方式，直到我非常坚决地说我不要办健身卡之后，他才停止纠缠。但从那以后，每次走到那个路口，我都尽可能地快速通过，生怕会被认出来；每次路过都不敢看他们的眼睛，仿佛亏欠了他们，不敢直视。

我曾认为自己是一个非常敢于拒绝别人的人，但是通过这次的事情，我发觉自己还是不够勇敢果决。推销员之所以会黏住你，很大程度上是因为你态度暧昧，不够明确，让他们认为你是他们的潜在客户，所以就投入时间与精力与你周旋。就像我第一次办健身卡，就是因为不好意思拒绝，被别人以"留下电话号码，帮我完成任务"这样的理由说动，留下了自己的手机号码，后又被一步步的开业优惠、免费到店领取礼包等电话营销套路吸引到店面，然后被推销员们集体包围，被他们说得好像不办卡就是错失了多么大的优惠一样，最后掏钱办了会员卡。

其实，有很多自己并不愿意或者没有想过要做的事情，如果早在一开始就果断拒绝，别人也不会觉得有什么尴尬，后面也就不会给自己带来一系列麻烦。如果早就想过要拒绝别人，那么在一开始就要果断拒绝，这样对大家的伤害都是最小的，越往后，别人付出的精力越多，你的拒绝所带来的伤害也就越大。因此，不要在一开始因为"好面子""助人为乐"这样的无谓理由而不敢拒绝，这样的结果通常就是不仅委屈了自己，还辛苦了别人，最后还通常不落好。因此，既然从未想过会有结果，那么干脆就将希望扼杀在摇篮里。

与异性相处的时候，也是同样的道理。很多时候，拒绝别人的确需要勇气。但是，亲爱的姑娘，我要告诉你，这尽管需要勇气，但是有时却非做不可。有些时候，你认为你的拒绝会破坏你们之间的关系，实则不然，当你对于对方请求的事情感到无能为力的时候，果断地拒绝别人，不给他任何幻想的机会，反而是对别人最大的尊重，对待异性也是一样的。当你表示出明确的拒绝之后，他会想办法重新寻找其他更好的机会。换个角度来说，实际上你帮助他节省了更多的时间成本。

拒绝异性的性要求更需要勇敢果决。一个人的时间成本实际是最无价的，因此，不要让别人在你身上浪费过多的时间，是对于异性的最大尊重。我一直都认为这个世界上最悲惨的一类人恐怕就是"备胎"，他们在对方的世界里面永远都做不了主角，但却为心中的"神"魂牵梦萦，以致他们对别的异性视若无睹，错过了原本属于他们自己的人生精彩。有的"神"为了自己的安全感和虚荣，担心"备胎"会跑，隔三差五还会回头挑逗一下，全然不顾"备胎"心中因纠结而产生的苦痛。这样的做法我们不赞同，更不提倡。亲爱的姑娘，请你相信这世上并没有一个人是完全的傻瓜，即便有时表现得傻也是出于对你的尊重与爱护。遇到这样的"傻瓜"请你珍惜，不要玩弄。如果不幸遇到的并不是傻瓜，那么你的挑逗只会是引火烧身。

亲爱的姑娘，坚决拒绝异性的性要求，不仅是出于对自己的健康保护，更是对年幼时未谙世事的我们心理上的保护，很多事情，等到过了那个时间点，再回过头来观望的时候，你会庆幸当时的选择，感谢当时的自己。很多事情，一旦做错便是一辈子难以忘记的遗憾，那么宁愿我们都不要经历这样的遗憾。

学会机智应对色狼的方法

小的时候，我们总是憧憬着长大，似乎长大了，我们就能脱离爸妈的管束，终于可以变成自己理想的模样。然而在长大之后，我们才发现：生活总是充满了意外，很多事情并不会按照我们预期的流程去运行，更多的时候，我们所能做的，就是顺其自然，然后在力所能及的范围内学会抗争，学会保护自己，最后将生活变成自己想要的样子。

人生中的第一课便是机智应对色狼。色狼是我们都不愿意遇到的，但是，亲爱的姑娘，人生就是会遇到很多你并不情愿的事情，遇到很多你没有办法改变只能尽力保护好自己的场合。遇到色狼的时候，不要慌张，他们往往并不可怕，甚至很懦弱，所以才只会欺负胆小的姑娘。当你变得勇敢，他们就会变得弱小；而假使你选择了默默忍受，他们只会更猖狂。所以，亲爱的姑娘，当被欺负时，请学会勇敢拒绝。

贞观年间，唐高祖李渊的儿子李元婴被封于滕州，被称为滕王。由于他对滕州很有感情，便找人修建了著名的滕王阁。有关他的故事也就发生在滕州。

相传，这位滕王的人品并不怎么好，十分好色。对此手底下的一众官员都是敢怒而不敢言，因为据说只要是他手底下的官员，不论谁家的夫人，只要稍有姿色，都会被滕王以召见王妃的名义叫进王府里去行轻薄之事。手底下的官员无一不叫苦连天，但又都怕得罪他，因此，没人敢向上面禀告。

有一次，滕王手底下新调来一个小吏名叫崔简，主要负责一些文书工作。崔简的夫人郑氏长得就十分漂亮，她刚来洪州的第一天，就被好色的滕王看上了。这天，滕王准备和往常一样，准备打着召见王妃的旗号召见这个郑氏。滕王当时的风流韵事早就传遍了滕州，崔简自然也听说了，看到滕王召见他的夫人，内心更是惶恐不安。他心想，如果自己不让夫人过去拜见的话，无疑就是明着跟这位滕王撕破脸皮，一定会得罪这位滕王；可若是让夫人前去的话，又等于是送羊入虎口，这怎么能够接受。崔简左思右想，始终没有想到一个两全其美的好方法。岂料，他的夫人郑氏却很淡定。她宽慰崔简说："你放心，夫君，现在这太平盛世，岂容这个滕王只手遮天、胡作非为！"于是，郑氏化好妆按照滕王指定的日子前去拜见。

这位滕王早就在府内等待得饥渴难耐，一看到郑氏进了府内，什么也不管不顾，立刻冲上前去抱住郑氏想要非礼她。岂料郑氏有备而来，她一个巧妙的转身就躲开了滕王的拥抱。郑氏佯装并不认识滕王，嘴里大声呵斥："哪里来的家奴，居然如此不懂礼数，我定要替你们王爷好好教训你不可！"说罢，郑氏取下自己脚上的一只鞋，猛地朝滕王的脑袋上打下去，打得滕王措手不及，当下难堪至极，又不好承认自己不是家奴，而是滕王。旁边的奴才们看到滕王挨打，有的在心里默默偷笑，却没有人敢上前制止，只得赶快去通知滕王妃过来解救。滕王原本想着只是挨几下打就算了，却不料这个郑氏并不是好惹的主，她用鞋打了几下滕王感觉不过瘾，又用手前去抓挠滕王的脸，将他的脸上抓得左一道右一道，满是血印。

等到滕王妃闻讯赶来制止的时候，滕王的脸早已经血流不止。这时，看到滕王妃，郑氏方才罢手，但仍然假装气愤地对滕王妃说："王妃，这个家奴好不懂礼，我前脚刚刚进了王府大门，他就敢上前非礼我，请王妃从重处置这个家奴！"滕王妃只得讪笑，让人将滕王扶了下去。由此，郑氏成功脱了身。这一顿打让滕王真是哑巴吃黄连，有苦说不出。

滕王被打之后，由于脸上破了相，休息了十几天才回到府衙上处理政事。等他好不容易将脸上的伤养好之后，刚去府衙办公，崔简就佯装上门请罪。滕王自然不敢让崔简当着大家的面给他请罪，于是赶紧躲起来不敢露面。世上没有不透风的墙，很快，滕王被打的事情就在当地传遍了，大家都夸赞这个郑氏有勇有谋，替大家出了一口恶气。之前很多被滕王欺负过的美女都一边后悔自己的怯懦，一边对滕王被打一事感到大快人心。

你看，即便富贵如封建时代皇帝的儿子，当行为不端引起众怒时，也会被教训得很惨，更何况是讲求公平公正的现代社会中的人呢？因此，亲爱的姑娘，你大可以相信自己，相信这个时代。我们可以不相信有神明的存在，但是我们可以有自己坚定的信仰：相信在遇上这些糟糕事的时候，自己完全有能力处理得很好。

第06章

青春懵懂情伊始，把握本心不迷失

青春期是我们每一个女孩都会经历的一个美好阶段，也是人生由年幼向成熟转变的一个最为关键的过渡阶段。青春期的女孩由于女性特有的生理特征，有可能会遇到很多这样那样的安全问题，这时，我们必须学会如何从自身出发，培养出正确的人生观与价值观，学会如何恰当地与异性相处。只有这样，我们才能避免走人生中的很多弯路，为我们的美好人生埋下健康的种子。

拒绝异性示好的方法

我曾偶然间看到这样一则新闻：杭州的一个丈夫，新婚后不久，瞒着妻子帮前女友搬了家，妻子在发现事情之后，很不客气地将丈夫赶出了家门。丈夫很不服气，两个人在互相推搡的过程中，丈夫不小心撞倒了妻子，妻子便一怒之下报了警。丈夫透露说，自己对前女友早已没有了感情，她打电话过来寻求帮助时，自己只是不知道怎么拒绝。再者，他自己也觉得只是帮忙搬个家，也没什么大不了的。但妻子却认为这事没有那么简单，两人便越闹越凶，事情也越闹越大。

亲爱的姑娘，如果你是新闻中的妻子，你会怎么想、怎么做呢？在回答这个问题之前，我们首先要弄清楚一个前提：男女之间有无纯洁的友谊关系，这是一个很多人都思考过的问题，不同的人也会有不同的回答。那么有人会斩钉截铁地回答"有！"也有人会信誓旦旦地回答"没有！"答案其实并没有对错，只是因为个人经历的不同有所区别。一般而言，回答"有"的多半是女生，而回答"没有"的大部分都是男生。这样的现象并没有确定的原因，但却如同常识一般存在。那么男女之间到底有没有纯洁的友谊呢？个人认为是没有的。即便是有，那份友情也必定是痛苦与欢乐并存，因为友谊中的双方，也可能是其中的一方，必定是在努力地克制着，不让自己突破界限。就像是上面新闻中的夫妻当事人，丈夫认为自己只是过去帮一个普通朋友的忙，并没有在意对方是否是自己的前女友，而妻子必定不会这么想。

我认为，新闻中的夫妻俩最终爆发矛盾，既因为丈夫没有给予妻子必要的尊重，也在于丈夫不会正确拒绝异性的要求。丈夫想要保持同前女友的友谊，却又不知道该怎么拒绝她的要求，才会故意隐瞒妻子前去帮忙。而如此种种，其实追根究底都可以归结为丈夫"烂好人"的性格缺陷。而这，亲爱的姑娘，也正是我想告诉你的：我们可以做好人，但是请不要当"烂好人"，也许很多时候，你认为直接拒绝异性的要求会很残忍，因而不忍心当面拒绝，只会委婉表达。但其实，你的委婉表达带给异性的伤害却是想象不到的。你的委婉表达并不是善良，而是拖泥带水。

有一位朋友最近惨遭分手，而对方和他分手的原因就是他"对别人太好了"。经过了解才知道，原来他在与女友交往期间，不是牺牲自己的约会时间去帮别人照顾宠物，就是在大半夜抛下自己的女友去陪失恋的朋友喝酒，再不然就是在自己的朋友圈里帮女性朋友发内衣广告。而对于他这个"烂好人"的毛病，女友已经跟他沟通过很多次，但他却一直觉得乐于助人是没有错的。

直到最近一件借钱的事情爆发，姑娘才最终忍无可忍，选择了与他分手。两天前，姑娘得知他借给了一个关系根本就不是很熟的同学10万块钱。这明明是两人共同存下的准备买房子的钱，他却未经过女友的同意，擅自将钱全部都借给了同学。姑娘让他赶紧去把钱给要回来，他却说："才借给他没多久，也没说让他什么时候还，现在去要不太好吧。"就这样，姑娘选择了分手。朋友哭丧着脸问："我这不是在做好事吗？为什么她不能理解我呢？"而我只想告诉他：你不懂得拒绝，不懂得该如何使用你的善良，那就请你做好伤害你最亲近的人的准备。

亲爱的姑娘，善良是一种很好的品质。但是，太过善良，不懂得拒绝，你就会被利用，并在不知不觉中伤害到你最亲近的人。面对异性的示好也是一样，一次两次的示好你可以装作没有听懂而委婉拒绝；三次四次乃至无数次的示好，你最终还是要面对。时间并不会将异性的热情浇熄，很多时候，对于某些人来说，越是难以攀登的高峰，越是值得努力奋斗。因此，亲爱的姑娘，面对异性的示好，如果喜欢就接受，趁早一起开心享受，何必好事多磨，耽误各自的青春年华；如果不喜欢，就请明确拒绝，你们还是能够成为好朋友。

离家出走是最不聪明的举动

　　一部电影里有这么一段情节：18岁女孩小雨在家中排行老二，上面有一个姐姐，下面有一个弟弟。于是，小雨作为"悲催"的老二，经常是父母忽视的对象。由于家里的经济条件比较差，小雨一家人总是节衣缩食。小雨的姐姐跟小雨的生日是同一个月份，相差没有几天。于是，每年过生日的时候，父母总是会在姐姐过生日的当天买回一个生日蛋糕点上蜡烛庆祝，然后在姐姐许完愿望之后将蛋糕上的蜡烛去掉三根，再让小雨许下一个愿望，这样便算是给小雨过完生日了。而小雨总是非常不情愿，因而她每年的生日愿望都是来年可以过一个自己的生日，拥有一个自己的生日蛋糕。尽管如此，小雨却从未如愿过，直到她结婚有了自己的家庭。诸如此类的事情还有：爸爸非常宠爱弟弟，虽然家里经常揭不开锅，爸爸却总是在下班后进家门之前偷偷给弟弟买一支雪糕，并且从来没有小雨的份。有一天，小雨家居住的地下室在半夜的时候突然发生了火灾，危难之际，爸爸妈妈背着熟睡的姐姐和弟弟逃了出来，正在庆幸一家人都安然无恙时，突然想起来没有人喊小雨。当满脸黑灰的小雨自己爬出来的时候，看到爸妈背上的姐姐和弟弟，脆弱的小雨终于忍耐不住号啕大哭。我想，那时的小雨一定是心酸而落寞的。身为家中的老二，既没有老大的备受瞩目，也没有老幺的备受宠爱，小雨总是家里被遗忘的那一个。因此小雨不知有过多少次离家出走的冲动。

亲爱的姑娘，在成长过程中，你肯定也跟小雨一样，因为这样那样的原因有过无数次想要离家出走的冲动。但是，正如小雨的爸爸后来向小雨表达歉意的时候说的那一番话一样，亲爱的姑娘，我们每个人的人生都只有一次，爸妈也都是第一次为人父母，总会有做得不尽如人意的地方。如果有第二次的机会，爸妈一定会做得更好。但是可惜的是，人生从来没有再来一次的机会。所以，如果爸妈有做得让你不高兴的地方，尽管放心大胆地告诉爸妈，不要憋在心里什么都不说，然后暗自生父母的气，最后赌气离家出走。亲爱的姑娘，父母作为普通人，也会有这样那样的缺点。如果生活中发生了一些动摇你对他们的信心的事情，请你学会放下，并告诉自己：不论发生何种极端情况，父母一定是这世界上最不想让你受到伤害的那两个人。尽管他们有着不可避免的缺点，但是你们之间强大的血缘亲情却不容置疑。

在某部电影中，10岁的女孩娜塔莎因为某天晚上陪父亲去酒吧的事情被母亲知晓而挨了母亲的巴掌，生气委屈的娜塔莎次日便自己背着书包跑出家门去上学。而令娜塔莎和母亲没有想到的是，这一分别就是3096个日夜。

就在这一天，年仅10岁的娜塔莎被一个变态男沃尔夫冈掳走了。沃尔夫冈是一个刚被西门子辞退的工程师，他早在三个月前就盯上了娜塔莎，并在自己家地下室里挖了一个长2.7米、宽1.8米的地牢，准备用来囚禁她。一开始他并没有伤害娜塔莎，而是不断给她灌输她父母并不喜爱她的思想，终于，年幼的娜塔莎被洗脑成功，不再反抗和抵触他对她的囚禁。而当娜塔莎学会了完全服从并依赖他以后，12岁的娜塔莎就变成了沃尔夫冈的奴隶，为他洗衣做饭，做一切他需要她做的事情。一旦娜塔莎没有令沃尔夫冈完全满意，便会遭到他的羞辱与殴打，每一次的殴打娜塔莎都会在自己的日记本中记录下来。为了防止她逃跑，沃尔夫冈剃光了娜塔莎的头发并让她在家里半裸着干活，不给她吃饱饭……常年遭受生理折磨与心理折磨的娜塔莎像一只被驯服的动物一样，对绑架她的沃尔夫冈从最初极端的恐惧变成了本能的依赖，患上了严重的"斯德哥尔摩综合征"，每天的想法就是只要不遭受虐待就好。

所以，亲爱的姑娘，离家出走是一件做起来容易却充满危险的事情。或许某一天，正处在叛逆期的你自以为受到了莫大的屈辱，便决定用愤然离家表达你的抗议；或许某一天，少不更事的你自以为已经长大，父母已经跟不上你的节奏，便斗志昂扬、兴高采烈地离去；或许某一天，因为自己所谓的真爱不被父母认可，便同父母决裂，试图以此捍卫你所认为的真爱。但是，亲爱的姑娘，请你相信，你将遇到的世界一定不会是你所认为的那个样子。所以，请不要轻易决定离家出走，你曾经认为无所不能的父母，面对自己的"软肋"的离开，他们比谁都脆弱，比谁都心痛。而更为重要的是，有很多危险一旦遭遇，其后果便不可逆转。

女孩的初吻不草率

都说爱情是无价的，然而我们渐渐发现，爱情中包含的东西不一定都是无价的。曾有一则很有争议的新闻：一个18岁的罗马尼亚女孩在网上公开售卖自己的初夜，并最终被高价买下。当然，这名姑娘并不是普通的女孩，而是一名职业模特，有着漂亮的脸蛋和完美的身材。这位姑娘实际上并不是第一个这样做的女孩，但是她在事后接受采访时说的一番话却令人深思。采访中，姑娘表示自己的家境并不是很富裕。她认为自己与其将初夜送给最终会分手的男朋友，不如拿来换一笔钱，这样不仅可以出国留学，毕业之后还可以自主创业。对于姑娘的观点，很多人都提出了质疑，但是姑娘却表示：我是独立自主的个体，我有我自己独立的人格和思想，对于我身体的一切我都有支配权。也就是说，身体是姑娘自己的，因此如何处理第一次是自己的权利，选择拍卖与否，都是自己拥有自由灵魂的体现。亲爱的姑娘，你认为呢？

的确，世界之所以丰富多彩，就在于对于同一件事情，每个人因为不同的人生经历会产生不同认知。各色各样的思想观念互相激荡，最终迸发出不同的火花，世界因此而迷人多姿。因此，对于别人的不同观点，即便不同意，我们也应该怀抱开放宽容的态度，表示出足够的尊重与理解。但是，亲爱的姑娘，你有没有想过，能够用金钱和物质来交换的还能够称为自由吗？我认为，真正的自由应该是建立在道德标准上的有限制的自由。

而更有意思的一项调查显示：很多贩卖初夜的姑娘年纪不过十六七岁，她们在还没弄清楚爱情是什么的时候，就对爱情彻底失望了。所以本着与其伤心又伤身、不如将初夜卖掉，做到物有所值的观点，心安理得地享受拍卖所带来的物质收获。然而，这不过是自欺欺人而已。十六七岁的年纪，本身自己的价值观还没有真正形成；况且，在还没有经历过真正的爱情的时候，又有什么资格来对爱情做出定义呢？不过是人云亦云，加上懵懂少女对物质的渴求而已。亲爱的姑娘，当一个人将自己明码标价的时候，你与物品其实也相差不远了。也许会有人从另外的角度来解释这些姑娘做出如此行为的原因——"她们或许太穷了""她们遇到了一些困难"——但是事实却并非如此。她们只是用另一种方式摒弃了自己的道德和底线，开始权衡利弊，实现所谓的利益最大化而已。你认真思考，其实所谓的苦衷，也不过是自欺欺人的借口而已，不是吗？

亲爱的姑娘，每天认真工作，拿着并不算多的工资，一点点地攒钱，依靠自己慢慢满足自己越来越多的人生需求，这样的事情听来的确有点辛苦，相较于一晚上就可以赚到十几年甚至几十年收入的买卖，的确差距很大，因此诱惑也很大。但是，亲爱的姑娘，初吻、初夜只有一次，人生却很漫长。人生从来都不是一百米短跑，而是不知终点的马拉松。有人看似遥遥领先，却不知相较于终点，她才行进了不过短短数米。

亲爱的姑娘，世上最让人感觉无能为力的并不是别人对你的定义，而是我们自己对自己的看法。很多姑娘在过了一定的年龄之后，都开始担心自己的归宿问题，于是急着去相亲，而相亲的主要考虑因素就是对方的物质财富是否雄厚。婚后，找到条件较好的所谓"归宿"的姑娘又开始因为担心丈夫是否会抛弃自己，为此诚惶诚恐，于是，她们想尽办法去繁衍后代。就好比将自己当成一件货品，在货架上的时候担心卖不出去，买家出现的时候担心买家钱不够，而卖出去之后又开始担心用旧了被抛弃。亲爱的姑娘，当你将自己的人生价值交给别人去评价的时候，你就已经失去了你的自我价值，成为依附于他人的存在。尽管你不愿意承认，但往往事实就是如此。

亲爱的姑娘，相较于辛苦，大家都乐得轻松；相较于烦琐，大家都更喜欢便利；相较于勤奋学习，大家都更喜欢懒散地什么都不做。这并没有错，只是你我皆有的人性。但是，我们作为有理性的人类，可以努力克服一些好逸恶劳的本性。也有人说，努力并不见得有成效，计划也不如变化快。这些没有错，但只有你朝着这个方向奔过去了，你才有资格说出这句话，不是吗？很多时候，现在走得累一点，只是为了以后的路稍微平坦一点而已。所以，亲爱的姑娘，问问自己：在物欲被满足的短暂快感消失之后，你的人生还能剩下什么？想清楚之后，你再决定：收获人生中重要的"第一次"，是否需要更加慎重。

青春期，
女孩保护自己的关键

女孩要在男女关系中保护好自己

亲爱的姑娘，有关偷食禁果、混乱性生活，你能想到的最坏、最极端的结果是什么？是再也联系不上对方？还是被分手后发现自己已怀孕？抑或发现对方已有家庭，你是第三者？

其实以上列举的都算得上是很严重的后果，放到任何一个女孩身上都将会是一个不小的打击。但是，亲爱的姑娘，你知道吗，这还不是最严重、最恐怖的后果。

初次听到下面这个故事的时候，我整个人都在发抖，我多么希望这只是一些为了哗众取宠、博人眼球的博主随意捏造出来的故事，并本能地质疑这个故事的真实性。然而，在证实这个故事的真实性之后，我开始思考，到底是什么原因让这些人变得如此冷漠、变态乃至丧心病狂，而我们又该如何保护好自己，避免遇到他们。

亲爱的姑娘，以前我说过，这个世界上真的有禽兽存在。现在我想告诉你，这个世界上比禽兽更可怕的是那些恶意报复社会的人，他们所造成的后果往往比那些禽兽还要严重、还要恶劣，可能只有这样，他们才能安慰到自己，才能让自己感到一丝满意吧。而我要讲的新闻就发生在他们身上。亲爱的姑娘，千万不要以为他们离你很远，等你读完下面的新闻，你会发现，他们简直防不胜防。

第一则新闻：英国一个26岁的小伙子在得知自己因同性伴侣感染了HIV病毒之后，眼看治疗无望，就开始疯狂地出入各种娱乐场所进行"约炮"。在不到1年的时间里，他"成功"地将病毒传染给了10名男女。在每次发生关系时，他都要求不做安全措施，而如果对方强烈要求，他就会想尽办法弄坏安全套。并且在每次事后，他都会发短信给对方："你可能很快就会发烧了哦，因为我有艾滋病，还传染给你了，哈哈哈。"而最令人气愤的是这个小伙子最后被逮捕的时候还是一脸得意的笑，丝毫没有悔改之意。亲爱的姑娘，你以为这样的人只出现在国外吗？只是他一个人的行为吗？答案很明显是否定的。

第二则新闻：一个成都的姑娘在某个社交软件上认识了一个长相帅气的男生，两人相谈甚欢，于是一拍即合，约着出去开房。后来姑娘过生日的时候，那个男生用快递送过来一份礼物。姑娘满心欢喜地打开，结果里面是一张纸条，写着：欢迎加入艾滋俱乐部。姑娘一开始以为是个玩笑，结果去医院检查之后发现，纸条上写的是事实，她为那次的一时之快付出了惨重的代价。亲爱的姑娘，你能想象得到，这位成都姑娘的内心经历的翻江倒海、悲痛至极以及欲哭无泪吗？

亲爱的姑娘，这样的话题很沉重，但这样的事件却客观存在，我们并不是让你惧怕接触社会，只是想要告诉你这世界上的确有很多我们无法预料到的危险，而我们想要更好地生活、生存下去，就必须学会保护好自己。很多艾滋病人都是在被另一半传染之后，人生变得没有目标，觉得命运对自己实在不公，加上社会中对这个群体的冷漠与歧视在无形之中加剧了他们内心的扭曲，让他们心态越来越极端。于是他们决心报复社会，为此专门形成了一些小规模的组织，互相交流经验，想办法隐瞒自己的身体状况与健康人发生关系，拉更多的人做"垫背的"。

亲爱的姑娘，我们并不是要恐艾，也不是要排挤和歧视艾滋病人。但是，他们的悲剧不应该由我们来承担，我们需要更好地保护好我们自己。因此，亲爱的姑娘，请你谨慎面对性生活。当遇到了生命中的另一半并决定走入婚姻的时候，性生活和谐是婚姻幸福的必备条件之一，所以，我们并不推崇禁欲，但是为了对你自己负责，对你的家人与另一半负责，请你做好安全防护。无论在什么情况下，安全防护都是非常必要且重要的。

追星要适度，别失去自我

几米曾经说过这么一段话："摘不到的星星，总是最闪亮的；溜掉的小鱼，总是最美丽的；错过的电影，总是最好看的；失去的情人，总是最懂我的。而我始终不明白，这究竟是什么道理。"没错，你发现了吗？亲爱的姑娘，这个世界上能够吸引我们的东西有太多太多，好看的衣服、鞋子、包包总是层出不穷，耗尽家财买也买不尽。同理，能够吸引我们的人与事总是数也数不清。但是，亲爱的姑娘，你一定也发现了这样一个事实：很多东西和很多人，并不是只要我们想要拥有就可以拥有。我们所喜欢的，我们所向往的，通常都是在我们的世界里面最耀眼、最闪亮的；但是，亲爱的姑娘，想要的就一定要拥有吗？不一定吧。其实很多时候，你历经千辛万苦最终追求到手的东西，最后发现你的家里根本放不下，而你的心里也不再渴望了。其实，就好比天空中美丽的星星，你很喜欢，想要摘下它，但怎么努力都是徒然，这时，不如告诉自己：摘不到的星星，就让它在天空中闪烁吧。这样，不仅你能看到最美的整片星空，别人也能一起分享你的快乐，不是吗？

亲爱的姑娘，我们都有过非常喜欢的明星，也曾为了他的出现而激动得手无足措，幻想着如果终有一日能够跟他比肩该是多么美好与幸福。但是，亲爱的姑娘，喜欢并不一定就代表着深爱。且不说明星的光环里有你个人因为幻想而增添的虚假成分，每个明星都有团队为其努力塑造人设加以包装。不然最近几年怎么有那么多明星爆出丑闻，继而人设崩塌，随之被痛骂、雪藏，最终消失在大众视野中的事件呢。然而，更重要的是，假使你对你的偶像明星是日久生情，是由衷欣赏，是真爱，那么，爱一个人就更不是占有和控制，而是足够的空间与尊重。就像有人曾经说过的，"喜欢是放肆，而爱是克制"。

亲爱的姑娘，一个人最好的生活状态就是该工作的时候好好工作，该玩的时候也能尽情玩耍；看见优秀的人懂得欣赏而不嫉妒，看到不如自己的人也不轻视。有自己的生活圈，也会有自己的小情绪，在发现我们没有办法改变世界的时候，调整好自己的心态努力活出自己。没人爱时，专注自己；有人爱时，我们也有能力拥抱彼此。对待追星这件事情其实也是一样。我们首先要努力成为独立的个体，然后才有可能得到别人的欣赏与尊重。一个连自我都没有的人，又何来被尊重与喜爱呢？你喜欢的明星会没有自己的主见与独立的人格吗？你之所以喜欢他、深爱他，不都是因为他独立人格所散发出来的独特魅力吗？

亲爱的姑娘，永远不要为了追星而失去自己的独立人格。世界总是变化太快，我们的生活也总是有着太多的不确定。曾经你所信赖的爱人都有可能消失不见，更何况是你怎么也触摸不到的遥远的明星呢？只有我们学会经营自己，将自己的个人品牌漂亮地树立起来，才有可能受到别人的瞩目。毕竟，凡事只有靠自己，才能真的无所畏惧。如果过度依赖别人，主动权永远都在别人的手中，即便得到上天的垂怜，让你有幸得到心中所想，这样的得到与拥有又能持续多久呢？你挥之不去的诚惶诚恐又该拿什么来拯救呢？亲爱的姑娘，请你记住，在任何情况下，我们都要守住自己的底线。而在追星这件事情上，保持自己独立的人格就是我们最后的底线，一个人只有守住了底线才能守住自己的尊严。我们可以不被喜爱的人重视，但是绝对不能够被藐视；我们允许这世界上的人对我们有误会，但是绝不允许被平白无故地泼脏水；我们可以接受别人的当面指责，但是绝不允许他们在我们的背后瞎议论；我们可以接受挫折，可以接受批评，但是绝不允许自己被侮辱。

保护好自己，远离性侵害

在中国，性爱是个敏感话题。很多人都是谈性色变，讨论性似乎是在讨论什么不得了的事情。但其实，人类作为高等生物，性爱只是人类欲望的一部分。我们并不是鼓吹开放的性关系，我们只是想告诉更多的好姑娘正确的性爱观念以及该如何保护好自己。近年来，女孩被性侵的新闻层出不穷。一方面反映出犯罪分子对法律的漠视和道德的沦丧，使他们向无辜的女孩伸出了魔爪；而另一方面也暴露了父母以及学校在女孩成长过程中性教育的缺失。因此，从自身出发，保护好自己，迫在眉睫。

性侵案件其实并不罕见，而且也许就发生在你我身边。我们来看看曾经1周之内发生的3起女孩被性侵的案件，这些案例让人触目惊心。周一的时候，11岁的女孩小西就在自家门口玩，被一个说带她去吃火腿肠的叔叔骗到山上，实施了性侵。周三的时候，3个8岁的女孩被人骗去看飞机，结果3人都被性侵。周四的时候，一名女孩遭陌生男子入室性侵，在反抗时一时情急从三楼跳下，结果将腰摔折。每每看到此类女孩被性侵的新闻时，我们总是感到一阵阵揪心。为什么在发展如此迅速的时代，还是会有这么多野蛮、凶残到匪夷所思的事件发生？我想，究其根本，一方面是实施性侵犯罪的成本实在太低，而另一方面也是因为我们对于下一代的性教育太过落后，导致很多女孩直至成年都没有正确的性观念和自我保护意识。因此，我们必须加强自身的安全教育，首先从自身做起，保护好自己，最终慢慢推动整个社会的进步。

亲爱的姑娘，坏人是永远都不会觉得你年纪小的。在成长过程中，我们不仅要时刻提防来自陌生人的伤害，还得小心熟人的黑手。亲爱的姑娘，千万不要以为这事离我们很远。知人知面不知心，你永远都不会知道，都有谁正在策划着要伤害你。邻居、陌生的朋友，甚至亲戚、老师都有可能成为案犯。而我们面对这样的悲惨现实，既然没有办法从源头进行改变，就需要从自身出发，做好预防性侵的准备。

防范性侵害需要我们了解相应的知识：不让除父母、医生以外的任何人以任何借口触碰自己的隐私部位；学会识别别人的不当行为并勇敢说"不"；面对年纪比自己大很多的长辈，正确区分疼爱与性侵犯的行为。亲爱的姑娘，请你切记，防范性侵最基本的原则就是从生活中的小事开始做起，从生活细节中建构起我们身体与他人的界线。最为重要的是，亲爱的姑娘，如果你不幸遭遇了性侵，一定要保持冷静，先确保自身的安全，事后及时、勇敢地告诉家长，告诉警察，严惩伤害你的案犯。只有通过法律，才能更好地惩戒坏人，保护好更多需要保护的同龄人。

第 07 章

女孩偶遇突发情况，冷静处理不要慌张

　　生活在日新月异的现代社会，我们总是会遇到很多的发展与变化，也总是会经历诸多意想不到的突发情况。在遇到突发危机的时候，慌张只会忙中添乱，只有保持内心的淡定与从容，我们才能顺利地化解人生中的一个个危机。

遇到坏人先冷静，不要激怒对方

遇到危险的时候，大声呼救似乎是我们所有人默认的应对办法，在绝大多数的情况下，这样的措施也是正确并有效的。但是，亲爱的姑娘，凡事皆有例外，我们不能以绝对统一的方式去应对这世间所有的可能状况。面对危险，一般情况下，我们的确应该大声呼救，求得更多人的关注以顺利获得帮助；但是也有特殊情况需要我们注意。而无论在何种情况下，我们的生命安全都应该放在首位。因此，面对一些特殊情况，我们需要选用更为安全的方法来脱身。

亲爱的姑娘，如果你在很偏僻的地方遇到了不幸，你可以选择悄悄留下记号，如丢下家人较为熟悉的随身物品等，为营救你的人们提供更多的线索。你也可以选择假装配合，佯装认同他的想法并尽量满足他一些不涉及生命安全的心理需求，让他放松警惕，并注意寻找机会趁机逃脱。但是一定不能大喊大叫，避免激怒坏人。

清明节期间，居住在深圳宝安区的一个出租屋内的女孩武某准备外出与友人游玩，当她正要关门时，走廊里面突然窜出一个彪形大汉，上前拽住武某，并想要将她拖到房间内施行不轨。武某立刻激烈反抗并大声呼救，不幸的是，当时正值节假日，这套出租屋内原本居住的上班族可能都回家了。在武某激烈反抗并大声呼救的4多分钟内，居然没有人听到并对她施以援手。而案犯见到武某不停地大声呼救，心中十分害怕，因而动作更加疯狂。武某坚持了4多分钟以后实在力竭，最终被其拖回出租屋内。而被武某大声呼救惊吓到之后，案犯叶某也已经没有了行不轨之事的想法，只是将武某绑在屋内。武某在认清楚形势之后反而冷静了下来，她看到叶某并没有对她实施暴行，便判定叶某内心也是害怕的，只是出于某些原因，一时也不愿意放她。于是，她主动跟叶某聊起了天，试图弄清楚他绑住她的理由。经过武某耐心的引导之后，叶某最终放松下来，情绪渐渐稳定。最后，武某了解到，叶某由于常年找不到女朋友，内心郁闷，又见武某长得漂亮，并且考虑到这时出租屋内的其他人员都已外出，只剩下武某，便伺机袭击了武某，想要强迫她成为自己的女朋友。武某在了解到这个信息之后，便佯装答应叶某的要求，做他的女朋友，并跟他说自己本来就是要出去见朋友的，既然现在有了男朋友，刚好两人一起去见她的朋友。

叶某见武某答应了自己的要求，一时激动难耐，便对武某有求必应，特地收拾妥当跟随武某一同外出前去见她的友人。而武某在出门之后，寻找到机会便立刻摆脱了叶某的控制，在确认自己已经安全之后立刻报警。最终，叶某被警方拘留，并被判定为强奸未遂。

亲爱的姑娘，你看，即便你已经足够警惕，但是只要这个世界上有禽兽的存在，危险就无处不在。因此，除了对自己所处环境的高度警惕外，我们还要了解在遇到危险时如何更好地保护好自己。遇到危险时固然应该大声呼救，以免错失被解救的最佳时机；但是，我们更应当学会因事施策，根据实际情况，具体分析是否应该大声呼救。即使尝试自我营救失败，也不要气馁，更不要自暴自弃，放弃继续逃离的机会；可以主动与凶手沟通，巧妙利用自身优势，并留下尽可能多的证据与线索。在发现凶手情绪激动之后，不要故意刺激对方，可尝试通过沟通稳定凶手的情绪，让他冷静下来耐心听你分析做了违法乱纪事情的后果，告诉他现在还有选择，不要因此就走上不归路。

  亲爱的姑娘，这世间没有绝对的好人与坏人之分，正如《三字经》所说："人之初，性本善，性相近，习相远。"任何人在遇到人生中的苦难与打击时，都有可能仅仅因为一念之差就采取极端行为。这时，如果我们能够观察、寻找对方的弱点，在保证自己人身安全的前提下，尝试与对方沟通，就存在让对方情绪平缓下来甚至主动放弃恶行的可能。而如果故意刺激、挑衅，只会让事件不断恶化，毕竟，很多人都是吃软不吃硬。既然犯案之人已经走上极端，这时的他必然已觉得自己没有退路，而你的不断刺激只会让他更加感受到世界对他的排斥，只会让他下定决心一条道走到黑。

> 青春期，
> 女孩保护自己的关键

了解并远离传销组织

相传很久以前，有一座充满了黑暗力量的城堡，里面到处都布满了邪恶的爪牙，人一旦陷进去就出不来。有一天，一位独自出门旅行的人因为一场意外的暴风雨，碰巧进入那座城堡，却发现里面并没有相传的那么恐怖。相反，里面到处都充满了欢声笑语，处处都弥漫着和谐温馨的气息，里面的人们没有高低贵贱之分，更没有刑罚劳役之苦，所有人都勤俭自强，心怀宏图大业，交谈中充满着热烈的掌声与赞颂之声，大家都用梦想与信念激励着远道而来的宾客。外出旅行的漂泊之人被这种温情感染，不自觉地想要融入，殊不知，正是这种温暖与融洽的氛围，最终将纯朴善良的旅行者渐渐引入了罪恶的陷阱。

亲爱的姑娘，相信聪明的你此刻已经看出，这座充满诱惑的黑暗城堡就是传销组织。如同故事中的旅行之人一样，很多人都是因为不够了解传销组织，被传销组织温情热烈的表象所迷惑，对组织传达的理念深以为然，最终才会深陷其中无法自拔。刚刚步入社会，听到了某个看似实力派的大师天花乱坠的忽悠就天真地认为，自己已经迈入一个自己梦寐以求的阶层。亲爱的姑娘，传销就是如此，当你被引诱进入内部的时候，你被许诺只要你足够努力就会走上人生巅峰。当时的你并不会发现，这一组织里面永远都不会有实体产业的存在，即便有，也轮不到你来获得收益。但是你还是愿意相信并且照做，究其原因，一方面是天真没有防备的心理，另一方面却是一颗想要快速获得成功的心。

亲爱的姑娘，你有没有发现，通常陷入传销组织里的人都是被洗脑成功的人，他们往往对于自己的现状很不满意，生活也比较落魄，基本都是处于事业的"空档期"（事业、爱情等处于空白阶段或受到其他打击的时期）而急切地想要改变现状。而传销组织就是利用这类人群想要获得成功的急切心理，不断给他们灌输"只要通过自己的努力就一定能获得成功"这种看似没有毛病实则一堆漏洞的鸡汤理念，告诉他们只要不断发展"下线"，然后让"下线"再发展"下线"的"下线"，他们便能坐享渔翁之利。的确，这种不需要劳动而只需要每天坐在那里的生财之道对谁都会有巨大的诱惑力。但是，正所谓当局者迷旁观者清，作为一个局外人，你会轻易地发现传销组织的最大漏洞——没有商品。而这也正是传销组织的坑人之处，是让千万陷入传销的人们走上家破人亡的毁灭之路的根本原因。没有商品用于交易，只有不断的投入与付出。最终，真正的"成功者"并不是正在每日奔走努力发展"下线"的你，而只是站在由无数不同层级的"下线"组成的"金字塔"顶端的那一两个人。而你只是用家人朋友的血汗钱为他人白白做了"嫁衣"而已。

亲爱的姑娘，想要避免误入传销组织，我们就要彻底了解清楚传销组织的本质——贪欲以及空头支票。传销组织正是利用许多人急于成功的迫切心理，承诺你许多无法兑现的空头支票，吸引你一步步走入他们设计好的陷阱，最终陷入万劫不复之境。亲爱的姑娘，请你记住：世上永远没有免费的午餐，即便有，也绝对是有毒的午餐。因此，不要贪恋本不属于你的横财，更不要憧憬不劳而获的所得。

迷途知返，不要让悲剧延续

很多的电视剧或电影里都会有这样的剧情：某个原本单纯善良的人物，一旦因为某件小事而有了把柄落在别人的手里，并被别人胁迫做下一件稍微大点的坏事之后，就会一发不可收拾，再也回不了头。人生其实也是如此，亲爱的姑娘，一旦你有了把柄握在别人的手上，而你又很怂地一次次地选择妥协，很快你就会发现，你的人生早就变得乱七八糟，再也不是你想要的那个人生。回看影视剧中的那些角色，在走投无路之后，无论是出于无奈还是出于真心的忏悔，只要鼓起勇气停下犯错的脚步，及时止损，就能不再被他人胁迫，人生也可以重新开始。但是，亲爱的姑娘，影视剧中角色的人生可以按照剧本设定随时改变走向，而真实的人生道路则无法更改，身为平凡人的我们必须走得更加小心。

2017年3月16日，重庆沙坪坝派出所的值班室突然接收到市局指挥中心传来的一条报警短信，短信上面写着：救救我吧，我现在被人控制，胁迫我从事诈骗，涉及金额有几十万元。

警方起初认为这可能是一桩传销案。报警人在短信最后备注了自己的详细地址，民警迅速赶到了事发地点。眼前的一幕却让民警震惊不已——一名女子全身赤裸地被铐在计算机前。

女子脸色苍白，不敢作声，面前的计算机上是密密麻麻的QQ、微信聊天界面。现场还有一名男子，男子声称自己和女子是夫妻关系，只是因为吵架，怕她会跑，才将她锁在凳子上。在民警面前，男子拿出脚铐的钥匙给女子打开了锁，女子显得十分害怕，小声告诉民警她被家暴了。两人居然真的是夫妻？这一事实又让在场的民警震惊不已。

在受害者的家中，随处可见手铐、脚铐等物品，该男子有重大犯罪嫌疑，于是，民警将两人带回派出所内做进一步调查。在派出所中，报警女子一边流泪一边讲述了整件事情的原委。

原来，该女子在两年前曾经向该男子借了一笔1万元的款，因为种种原因最终没有还上这笔钱，该男子便带了几个人冲到女子所在的出租屋内催她还款。由于女子身上没有足够的钱，男子竟威逼女子当众与其发生关系，并拍下了女子的裸照以及不雅视频。事后，男子还胁迫女子与他领取了结婚证。无奈之下，女子选择了屈从，没想到，屈从换来的却是男子变本加厉的欺辱。此后，该男子每天给女子下达"还钱指标"，如果每天还不到这么多钱，就将女子锁在屋内，男子从外面带来"客人"，让女子"工作"还钱。后来，没有工作的男子嫌这样的来钱方式太慢，又打上了电脑诈骗的主意。他逼迫女子每天在网络上与人裸聊，骗取钱财，如果女子不从，接下来就是一顿拳打脚踢。

女子原本以为两人毕竟已经成了夫妻，自己的隐忍终有一日能够换来丈夫的改变。没想到丈夫却变本加厉地对待她。2017年2月，男子为了让女子每日为他骗钱，居然买来手铐、脚铐将女子锁在电脑桌前，一锁就是一个月，而这也成了女子终于决心反抗的导火索。女子悄悄通过手机摄像、录音的方式搜集了男子非法拘禁自己以及逼迫她实施电信诈骗的证据，最终发出了那条报警短信。

亲爱的姑娘，你看，即便你有把柄在别人手上，也并非只能一味顺从，只要你具有足够的勇气与坚定的决心。而诸多的经验都告诉我们，即便你没有把柄，遇上想要欺辱你的犯罪分子，你的软弱妥协也只会让他更加猖狂。而即便真的有所谓的把柄在别人手中，只要鼓起勇气，选择用法律保护自己，一切都还可以从头再来。

亲爱的姑娘，人生就是这样多变。很多时候，你心里的人生是什么样的，你现实的人生就会变成什么样。不论处于人生的何种节点，不论当时的境况已经多么糟糕，不论周围的人们将会怎么看待你所经历的一切，只要你决心和过去的经历做了结，一切就都可以从头再来。可怕的是一错再错。你过于在乎你在别人眼中的形象，你就只能不断妥协。但妥协到最后，你还是会发现，你永远无法让所有人都满意。所以，亲爱的姑娘，放轻松并且勇敢地做自己。如果你已经犯下了小错，就不要再让悲剧延续，不要因愚蠢地接受胁迫，进而酿成大错。请你记住，人生永远都是"亡羊补牢，犹未迟也"。

贪小便宜吃大亏

《红楼梦》中有这样一副对子："世事洞明皆学问，人情练达即文章。"亲爱的姑娘，世事洞明对你我这样的凡人来说，或许不容易做到，但是，人情练达却是我们可以训练的。身处这个利益交织的关系社会，没有一个人是愿意吃亏的，因此，天下从来没有免费的午餐，天下也从来没有喜欢被占便宜的人。

亲爱的姑娘，"贪小便宜吃大亏"，这是一句真理。与人交往的时候，你的行事作风就是你自己的隐形标签。你当时占的小便宜，极有可能就成为你日后的绊脚石。

亲爱的姑娘，生活在这个世界上的每一个人都不是傻子。你可以占别人一两次便宜，却绝对不会有人让你白白占一辈子便宜。很多时候，别人可能对你好而不求回报，但是当别人真的需要帮助的时候，也请你热切地回应。俗语说："有借有还，再借不难。"这便是一样的道理。有来有往的人，朋友才会越来越多，而自私自利的人，最终只会孤独终老。

前段时间我跟两个朋友一起出去吃饭，最终付钱的是我们一个还在读博的朋友，她还没有工作，自然也就没有额外的收入。其实本来也就是随便约着一起吃顿饭，所以便在心里默认大家AA制了，于是吃完饭回去的路上，我就将吃饭的钱转给了朋友。

没想到，半个小时以后，朋友却将吃饭的钱又转了回来，附上霸气消息："姐请你们的。"我便开玩笑地回复："你发财啦，这么土豪，赶快收回去吧，你还没上班，没赚钱，我们怎么好意思吃你的。"朋友却回复道："是我约你们一起出去吃饭的，你们陪了我半天，听我吐槽，当然是我请客。下次我们再去吃，你就别转回来了，这么麻烦。"听到朋友真诚的口气，我只好作罢，在心里默默地想着：好吧，下次换我请你们吃饭。时间在不经意间就流逝掉了，心里对朋友的这个承诺一直没有实现。后来，等到想起来的时候，正巧赶上了"双11"，我便赶紧买了一支口红，回赠给这位"土豪姐"，她当时就乐开了花。

说到底，朋友都还只是一个学生。本来就没有多少额外的收入，就算家境好一点，也还是花着父母的钱，这种白吃白喝的事情我始终还是心有不安。

很多时候，我们都会在生活中或者是工作中遇到需要别人帮忙的时刻。如果只是一味地索取而不懂得投桃报李，这样的人谁都不会喜欢。你看似占了很多小便宜，实际上，吃的却是很多隐形的大亏。当你在工作或者生活中麻烦到别人的时候，真诚地表示一下感谢，不仅不会损失什么，还会让人知道你的真诚与善良，这样在你下次遇到麻烦的时候，别人仍然会愿意帮助你。所以，亲爱的姑娘，如果能够生活得让人喜欢，就不要生活得让人讨厌。与人相处时，不占别人的便宜不仅是一个处事准则，更应该是一个人的良好修养。很多时候，能够做到不占别人的便宜并不容易，能做到这件事的人必定能够将生活中的每一件事情都做得很漂亮。我认为这并不是圆滑，而是善良。因为这样的人不仅懂得求人问路，更加懂得投桃报李。

亲爱的姑娘，贪小便宜永远都是吃大亏的。你仔细思考，生活中的哪个骗术不是一开始先让你白白占上很多小便宜，而等到你深陷其中之后，再让你吃亏受苦的？然而，生活中这些明显的小便宜是我们很容易就能够分辨并学会避开的，真正难以避开的正是人情世故上的小便宜。而这类小便宜，一旦占到了，你只会吃更大的亏。亲爱的姑娘，请你懂得，别人帮你是情分，不帮你是本分。所以，既然别人肯对你付出帮助，那么就不要占别人的小便宜，让帮助你的人吃亏永远都只会让你自己处于更大的困境中。

遇到困难，第一时间向父母和老师求助

很多时候，即便没有特别的原因，我们也还是会对一些事情耿耿于怀。明明知道放下会更快乐，却又始终忘不掉那些人与事。很多时候，你以为你真的放下并释怀了，却又往往会因为在某个路口看到某个熟悉的场景，心揪得直疼，泪流满面。

亲爱的姑娘，世上本无事，庸人自扰之。很多时候，我们之所以会活得这么累，是因为心里装了太多无关紧要却又极其伤神的人和事。有深感遗憾，却又无能为力的往事；有万分不舍，却又不得不各奔东西的朋友；有心心念念，却拼尽全力也抵达不了的远方……就这样，我们可能会被这样那样的情绪折磨，一次次地感到无可奈何。这时，亲爱的姑娘，不要忘了你的父母和老师。尽管有时，你认为他们可能理解不了你；尽管有时，你认为说给他们听了或许也只是徒增他们的烦恼；尽管有时，面对他们，你会报喜不报忧地刻意将你面临的问题简化到最少。亲爱的姑娘，其实一切并没有你想的那么复杂。对于很多难过的心理关，在你看来如同逾越不了的鸿沟，殊不知，在父母和老师的眼里，这不过是人生成长过程中的一道小坎。所以，亲爱的姑娘，你都没有询问过他们的意见，你又为何判断他们真的不懂呢？

有一位朋友，她有一个弟弟。小的时候，她总认为爸妈偏向弟弟。在成

长过程中，心里始终介意着父母的偏心。因为年少的嫉妒，她对弟弟刻意疏远，像与他们叫板般地发愤学习，最终考上了一所好大学，扬眉吐气地离开了家。大学毕业之后，她进了一家还不错的外企工作，成了城市里的一名小白领；而弟弟最后勉强读完职业中专，成了县城普通工厂里的一名流水线工人，对于她这个姐姐是仰视中又多了一些敬畏。由此，她便如同空中鸟、水中鱼，独自在偌大的城市里打拼，过程很苦，但是她从来没有对家人提起过，只是按月往家里汇着越来越多的生活费。

后来，她结婚生子，找了一位志同道合的老公，两人一起打拼事业，生活过得也算是顺风顺水。但是她对年少时父母的偏心却始终难以释怀。当她得知这些年汇给父母的生活费悉数被父母用于给弟弟买房买车的时候，她的内心终于从苦涩变为心凉。自此，她竟再也没有回过家，直到父母过世。

后来，她老公的公司面临破产，急需一大笔资金周转。正当她焦急地准备卖房子的时候，弟弟却不知道怎么知道了这个消息，连夜坐车来到她家将20万元现金放在她的面前。她讶异于弟弟哪里来的这笔钱，却听弟弟说道："姐，去年工厂倒闭，我和你弟妹都下岗了，想买辆车却没钱，你给了爸爸5万元钱，让他给我，还不让爸告诉我是你的钱。"朋友当时呆住了，弟弟却还在说着："爸妈临走的时候说了，小时候你总让着我，因为我是弟弟。现在他们不在了，我要保护你，因为你是女孩子。爸妈还说了，有一天他们不在了，我就是你娘家人……"朋友瞬间泪如雨下。父母知道他们终有一天将离开人世，他们也知道生性高傲的朋友，连亲人或许都不会依赖，所以，他们竟早早地替她铺垫好了未来的爱和守护。

小的时候，父母、师长在我们的心里总是如同超人一般，任何的需求想法都可以放肆地提出。那时，父母、师长是天，我们躲在他们的怀抱里，悠然自得。而现在，亲爱的姑娘，你的长大永远都只是自以为是的长大，其实，在父母、师长的怀抱里，我们仍然可以悠然自得。世界在变，我们在成长，而父母、师长，也在向前走着。或许他们的速度没有我们的快，或许他们的步伐没有我们的急促，或许他们的思想没有我们"前卫"，但是，亲爱的姑娘，请你给他们时间，给他们关心你、帮助你的机会。

亲爱的姑娘，人生苦短，我们永远都无法得知明天与意外哪个会先来，所以，不要纠结于很多庸人自扰的事情，不要用我们自己片面的、有限的思想去揣测父母的爱，去给他们设定你所认为的"能力边界"。其实，尽管世界很大，父母看过的还是永远比你多，给予你的爱也永远比你想象的深沉。可能在短时间内，面对一些无关痛痒的小问题，你会觉得朋友比父母更加能够懂你；但是，等你有所经历以后，你会发现，遇上真正的人生难题，亲爱的姑娘，你不得不承认：父母才是你的坚强后盾。

如何应对被抢劫的情况

曾经有这么一个故事。北京某重点大学的女孩，是个团支部书记，学习成绩优异，但她什么知识都懂，却唯独没有安全常识。有一天晚上打车的时候不幸遇上了意外，载她的司机看她长得很漂亮，又是晚上一个人，于是就把她强奸并杀害了。后来在审讯中警察得知，这司机其实是个惯犯，在这女孩之前还强奸过16个女孩，但他没有杀之前的16个女孩，只单单把这个女孩杀害了。因为这个女孩当时说了一句话："我记住你长什么样了，我一定要报案。"于是司机就说："既然你已经记住我长什么样了，我还留着你干什么？"于是，就一刀把她给杀害了。就这样，一个重点大学的在校生，因为没有安全常识，丢了自己的生命。

因此，亲爱的姑娘，很多时候，装傻不仅是一门学问，更是一项本领。在性命攸关的关键时刻，装傻可能能够保住我们的生命。在日常生活中，太过心直口快都未必会招人待见，甚至可能会得罪人，更何况是遭遇抢劫等意外情况的时候呢？既然对方已经下定决心走上绝路，如果你还是故意激他，只会使他更动怒，做出更多不可预料的疯狂举动来。因此，亲爱的姑娘，如果你不幸遭遇了抢劫等意外，请学会机智应对。

北京曾有一个女司机，有一天晚上开车在外面拉活的时候，接待了一名戴着眼镜，看似大学生的乘客。这名乘客要去很远的郊区，女司机开车载着他走了一个多小时，走到山区的时候，这个"大学生"突然说的一句话将这个女司机吓坏了。他说："停车，我要撒尿。"这位司机意识到，说这句话意味着这个乘客要抢劫杀人。女司机毛骨悚然，但是车已经开到了山区，如果违抗这个乘客继续开下去，自己肯定会被伤害。于是，女司机乖乖将车停了下来。一停下车，劫匪就用绳子勒住了她的脖子，并用刀架在她肋骨处。女司机知道他这是想把她拖到外面去杀害了，因为血流在车上会影响他卖车。于是，女司机就想好了坚决不能下车，并决定跟这个歹徒斗智斗勇。就在歹徒强行将她往外拖的过程中，这个女司机猛地一下将他抱住并对他说："小哥，你不就是想要我这个车吗，这车其实也不是我的。你看这样行不行，我老公两年前就背叛我跟一个女的跑了。不如我们一起到前面把车去卖了，然后你带着我私奔吧。"歹徒一听，自己得财又得色，很是开心地同意了。

于是，女司机佯装很开心地同歹徒一起策划私奔，将车迅速开上了公路。在公路上遇到第一辆车的时候，她发现这是一辆没有载客的出租车，她想对方只有一个人，救不了她，于是她继续往前开。第二辆车是一辆拉煤的长途运输车，她想这个也不行，因为这种司机通常都是疲劳驾驶。遇到第三辆的时候，她发现这是一辆卖水果的车，车上坐着6个小伙子。于是，她猛地将车开到了水果车的前面，结果两辆车撞在了一起，发生了交通事故。那6个小伙子特别生气，提着棍子就走下来准备打架。这时，女司机就向他们求救说自己被劫持了，于是，她安全得救了。

人生总是有很多我们不愿遇到但又无可奈何的事情，因为生命从来不会停下前进的脚步，无论是平缓还是激流，无论是顺风还是逆风，我们作为过河的人，都不可能侥幸逃脱。因此，遇到意外的时候，与其愁眉苦脸地逃避，不如敞开心扉勇敢面对。让自己学会冷静，努力思考，才有机会随机应变。说来奇怪，人生总是这样，我们的周围仿佛有一个奇怪的磁场，你越是心情惨淡、愁眉苦脸，周遭遇到的事情就越是令你痛苦，你吸引到的就越是负能量。而当你保持良好心态，即便遇到了一些特殊情况，你也会觉得无所谓，很快就能大事化小、小事化无，你也会觉得，似乎周围的所有事情都在慢慢变好，你的整个人生也仿佛变得不再一样了。生活中，我们都知道保持心态平稳的重要性。很多时候明明自己懂得很多，可在遇到突发情况的时候大脑却一片空白，等到事后回忆的时候才追悔莫及。因此，亲爱的姑娘，无论情况多么糟糕，也请尽量让自己保持一个良好心态。我们想要让自己遇事机智，首先就要学会调节自己的心情和心态，即便受到了惊吓，也不要持续过长的时间，逼迫自己镇静下来，积极思考才能迅速脱离危险。

第08章

做心灵剔透的女孩，不被周围假象蒙蔽

"眼睛是心灵的窗户"，这句话放在美瞳盛行的现代社会已经不再实用。在这个人人都戴着面具生活的社会里，我们每一个女孩都应该学会"读心"，学会识人。"读心"需要我们收起绝对的善良，学会运用已有的知识对所见所闻进行分析，学会对人进行了解并分类，学会透过现象了解本质。

眼见不一定为实，判断需多用心

曾经，我们都相信"耳听为虚，眼见为实"，并将其奉为绝对的真理。然而，随着科学的发展与时代的进步，我们慢慢明白，人的眼睛只能看到物质的表面，而看不到别人的内心。你所看到的场景反映到你的大脑中也只能表现为客观的物质。这是从科学角度对"眼见也不一定为实"的理性解读，而在现实生活中也是如此。很多你以为的"眼见为实"其实并非如此。

经常在各种影视剧中看到这样的情节：男主或是女主会被不怀好意的歹人利用，或是被故意引导说出一些伤害别人的话语，或是做出一些常规的行为却被有心之人利用，最终造成好人之间相互误会，让坏人的阴谋得逞。不管在什么题材类型的影视剧中，这样的故事情节总是屡见不鲜。人们总是太过相信自己的眼睛，太过相信自己看到的一切，因此主观地做出一些错误的判断，但其实很多时候，往往一句话的解释就能解除误会。每每看到男女主角因为一句话就能说清楚的事情而误会越来越大，冷战最后分手时，我们的内心总是崩溃且无奈的。当你偶然跟朋友聊起的时候，朋友总会安慰你：电视剧不都这样表演么，不然给你看什么？没错，电视剧因为收视率的需要总是会有很多让人匪夷所思的情节。作为一个观剧的人，我们总是轻而易举地就能看出电视剧中坏人的圈套，明白不能相信眼睛看到的假象，尽管它看似就是事实。但是当我们身在其中的时候，却未必能够分辨得这么清楚。

历史上有关"眼见不一定为实"最为著名的例子莫过于孔子与其弟子颜回的故事，这也是"眼见不一定为实"的最早由来。

孔子周游列国的时候，曾经和弟子一起被困在陈国和蔡国之间的地方，七天没有吃上米饭。一天白天，颜回去讨米，讨回来以后就去煮饭。在米饭快要煮熟的时候，孔子偶然路过厨房外面，看见颜回在用手抓锅里的米饭吃。孔子便假装没有看到直接走过去了。过了一会儿，饭煮好了，颜回请孔子吃饭的时候，孔子起身说道："刚刚我梦见了先人，先人责怪我自己先吃了干净的饭然后才给他们吃。"颜回听了后回答道："不是这样的，我煮饭的时候发现炭灰飘进锅里弄脏了米饭，便将沾了炭灰的米饭拿出来，但是又不舍得扔掉，我便自己吃掉了。"孔子听了之后，便反省道："都说眼见为实，但是今天的情景看来眼睛所看到的也不一定就是事实的全部。我们应该要相信自己的内心，但是自己的内心也会有不正确的时候，所以，弟子们，你们都要记住，要真正了解一个人的确是不容易的。"

很多时候，我们都会非常相信自己所看到的，无论到底是不是事实，都对其深信不疑。殊不知，你的所见只是给了你一个理由与借口，让你不用承认很多与自己观念相悖或希望相反的事实而已。明明知道很多事情其实不可能发生，却依然心存幻想。本着这种看似科学实则漏洞百出的依据，怎么可能不被欺骗？就如有的人道貌岸然，在人前谦恭有礼、平易近人，每个人都自然地认为他是一个谦谦君子；可是在背后，他却多嘴多舌，揭人长短，挑起是非。你明明看到的是他非常虚伪的一面，却被他的假象所迷惑而无条件地相信他、支持他，甚至为了他去伤害真正善良的人，这不是莫大的悲哀吗？因此，亲爱的姑娘，认识了解一个人的时候，一定要学会从细节观察，全面了解，用心去体会这人的真正人品，而不是仅仅停留在表面的认识上。

  亲爱的姑娘，世界是丰富多彩的，同时也是复杂多变的。不是每一个人都会按照你所设想的去生活。有很多人会弄虚作假，在你的面前甜言蜜语、毕恭毕敬，一副正人君子的模样，可一到利益面前，就利欲熏心，暗地里挑拨离间，陷害你，甚至给你挖下火坑。你却还在傻傻地相信着，心甘情愿地跳下别人的陷阱，被人牵着鼻子走。等你发现真相的时候，一切都为时已晚。而有的人坦坦荡荡、问心无愧，却因为铁面无私、刚正不阿而被一些人误会，甚至被怀恨在心。还有的人或许被情势所逼，不得不违背自己的意愿去做一些自己根本不愿意做的事情，伤害了一些自己所爱的人。这时，如果你只是看到表面，不愿意花时间去了解事情的真相，那么很有可能，你会将一个有情有义的人当成一个冷酷无情的人；也有可能，你会失去一个真正值得相交的好朋友。所以，亲爱的姑娘，时代在发展，人们的思想也在不断地更新。在现在这个多元化的世界里面，眼见不一定为实，耳听也不一定就为虚。想要对某一个人或者某一件事情做出真正准确的判断，我们必须学会用心观察，用我们的大脑去分析。我们不能相信一个表里不一的人，更不能误会一个有情有义、刚正不阿的人。很多时候，你的眼睛看到的极有可能就是有心人一手布置的，就像你所不屑的诸多电视剧情节一样；但有的时候，人生就是那么"巧合"。

真正的朋友是经得起时间的考验的

  人生的很多事情都很玄妙，讲究缘分。而所谓有没有缘分，往往就是看能不能聊得来，说话投机与否。有的时候，你会发现有那么一段时间，你会突然和一些人关系很好，你以为你们可以成为真正的朋友，然而现实却是不论你怎么努力，他们还是逐渐淡出了你的生活。有的时候，你有可能会遇到一个你认为很投缘的人，投缘到你想要跟他天天黏在一起，可是突然有一天，他一言不发地悄然离去。一开始，或许你会万分伤心难过，认为自己的真心付诸东流。但是亲爱的姑娘，我想告诉你，这一切只是社会的常态。人情有冷暖，日久才能见人心；世态有炎凉，患难才会见真情。很多你所认为的"理所当然"或许别人并不认可，所以才会产生你们认知与付出的偏差。

  亲爱的姑娘，我想要告诉你：其实在这个世界上，除了你的亲人，别人都是没有义务为你付出分毫的。没有谁会天生自带好运，会让整个地球围绕着他转。你所看到的别人的"毫不费力"其实都是他私底下加倍努力的结果，人际关系尤其如此。就像天下从来没有免费的午餐，那些非亲非故却看似无私地为你奉献的人，他们想要跟你交好，或是因为你们志同道合、势均力敌，或是因为你们相互帮助、利益相关。但是绝不会因为单纯想要为你付出。亲爱的姑娘，请你相信，世界上绝对没有对你毫无所求却用尽全力为你付出的人，除了你的父母，你最亲爱的家人。

　　生活中总是会看到这样的新闻：两个相好的朋友原本以为可以愉快地相处一辈子，最后却因为某一件小事或者某一个人而产生了误会，最终成为连陌生人都不如的仇人。在你落难想要寻求帮助的时候，有些时候你曾经付出心力相交的人却还比不上陌路的侠义之人。所以，亲爱的姑娘，我们需要学会如何更好地保护自己，在向他人、向这个社会释放善良的同时，更应该保护好我们自己。真正的朋友应该是对等的，如果只是一味地向你索取而没有给你帮助，这样的朋友不要也罢。有的人可能会认为这样的言论太过现实，太过自我，但是，我想告诉你，亲爱的姑娘，如果你连自己的安全都无法保证，连你自己的快乐都无法守护，那么，你所认为的"为朋友两肋插刀也在所不惜的侠义"真的可以持续吗？又或者说，你真的认为这样的友情是值得你为之努力并付出的吗？或许，这个世界的确没有我们所想象的这么残忍，但是，真正爱护你、为你考虑的人总是会将最坏的情况毫无保留地告知于你，让你早做防备。所以，亲爱的姑娘，不要怪我太现实，我只是将这个世界上的不美好提前告诉你一声，让你学会认知、学会了解并尝试接纳另一种可能性，而不是在遇到突发情况的时候只会偷偷哭泣或者伤心欲绝。其实，这一切都只是正常的，毕竟，真的没有人有这个义务对你毫无保留地付出而毫不索取。

　　亲爱的姑娘，我不得不告诉你，很多时候，我们都需要学会和谁都不要熟得太快，不要对谁都掏心掏肺。因为真的不是每个人都希望了解你，愿意和你成为真正意义上的朋友。永远都不要以为自己在谁那里都能吃得开，这个世界上就是会有那么一些人，他们看不惯你过得顺心。所谓"路遥知马力，日久见人心"，真正的朋友应该是那些明明已经看到了你所有的优点和缺点，却还是没有离开你的人。有的人或许很会说话，很会讨人欢心，由此你便认为这样的人是你的朋友；殊不知，语言很多时候都是假的，一起经历过的真正的风雨才是真的。当你的身边有说话很损的人的时候，不要讽刺，也不要排斥，也许他说的那些话正是你需要改正的缺点。而当你身边出现嘴甜的人的时候，反而应当更加当心，或许他只是在寻找能够欺骗你的机会而已。而当你分辨不清的时候，请将这一切都交给时间。时间会教你逐一看清每一张脸，只要你走得慢一点，你就会发现，在时间的沉淀里，谁才是真的在乎你的人。

学会初次见面的识人技巧

亲爱的姑娘，我很不愿意但是却又不得不告诉你：这个世界并不是你所想象的那么美好，你所想象的完美无缺的人类通常都只存在于偶像剧编剧的笔下，真正的人类总是既现实又精明。我们所处的花花世界总是很精彩的，遇到的人也是多种多样，什么品质的都有。亲爱的姑娘，面对不同性格的人，你不需要去跟每个人都相处得游刃有余，我只要求你不要把没心没肺当成自己骄傲的资本。如今"愿你的善良是有锋芒的""遇到不要脸的奇葩，宁愿你不善良"逐渐成为许多人认可的价值观，因为人们逐渐认识到，与他人相处若不留个心眼，吃亏的一定是自己。

与人相识的第一面你就要留心了，你要能够很快地识人，能够很快地对人有一个初步的判断，而且这种能力要逐渐成为你的条件反射。亲爱的姑娘，让你学会见面识人并不是让你变得有所图谋，只是要求你本着保护自己的根本宗旨，学会判断。判断对方的好与坏，判断对方的可靠程度，判断与对方的相处界限，如此而已。

见面识人，听着高深莫测，实际都有一定的科学依据。北宋陈抟《心相篇》有云："心者，貌之根，审心而善恶自见；行者，心之表，观行而福祸自知。"这就是说，人的行为都是有据可循，可以观察的。语言可能会有所隐藏，脸上的表情却欺骗不了别人。学会识人，第一步便可以从观察表情开始。

战国时期的淳于髡在"见面识人"这方面是个高手。春秋时期，梁惠王一心想要振兴本国，发榜召集天下高人名士。于是，有人多次向梁惠王推荐了淳于髡，梁惠王也连续召见了淳于髡好几次。但是奇怪的是，每一次梁惠王屏退左右想要与他倾心密谈的时候，淳于髡都沉默不语，弄得梁惠王很难堪。于是，梁惠王责问举荐之人："你对寡人说淳于髡有管仲、晏婴的才能，但据寡人所见，此人不善言辞，恐怕徒有虚名吧。"举荐的人虽感觉到不可置信，却也百思不得其解，只好前去询问淳于髡。而淳于髡却笑笑回答道："确实如此，我也很想与梁惠王畅所欲言、倾心交谈，但我每次去的时机都不太对。"举荐人便接着询问缘由，淳于髡说道："第一次召见我的时候，惠王陛下虽屏退了左右，但脸上却有驱驰之色，应该是想着驱驰奔跑一类的娱乐之事，这种情况下，我的谏言必定没有时间能够说通透，那我便不如不说。第二次的时候，惠王陛下脸上全是享乐之色，应该是还在回味刚刚结束的声色表演。惠王陛下沉迷于其中，又怎么能够倾听我的谏言呢？所以我也没有说话。"

举荐的人将淳于髡的话如实禀告给了梁惠王，梁惠王一回忆，那两日果然都如同淳于髡所言。梁惠王这下非常佩服淳于髡的识人本领，再次召见淳于髡并对他进行了重用。

见面识人，是一种本领，能让你对对方迅速做出一个正确的初判断。生活在复杂的人类社会中，或是由于害怕被欺骗，或是由于担心被嘲笑，我们每个人都或多或少地学会了掩饰自己内心的真实情感。这时，能够正确地读取别人脸上真实的情感不仅能够保护好自己不受伤害，还能让自己拥有更加和谐的人际关系。

亲爱的姑娘，我们每个人都期待自己可以完美，完美到成为万人迷。但事实却是，即使你成功地成为万人迷，人类总数却有几十亿。每个人的人生都注定了会有些许遗憾，但不同的是，你可以通过自己的努力，让这些遗憾尽可能地减少。见面识人，对人有个初判断是你学会成熟、迈入社会、努力减少生命中的遗憾的第一步。

青春期，
女孩保护自己的关键

人们往往容易被第一印象欺骗

有一个词叫作"先入为主"，说的就是第一印象对于一个人对待某件事、某个人的方式所造成的影响。就像美剧《欲望都市》中，有这样一段情节令我至今印象深刻：夏洛特当时和特雷已经分居了，但由于相互的利益牵扯，夏洛特并没有将之前预定两人共同参与的杂志拍摄取消。直到拍摄时间到达最后一刻，夏洛特都没有把握特雷是否会如约而至。但是最终，忐忑的夏洛特还是等到了特雷，在最后一秒的紧要关头，特雷出现在餐桌前，与夏洛特共同完成了拍摄。精致的餐桌摆盘，美丽的太太和帅气的先生，考究的早午餐，摄影师按下快门，定格了一张标准的上东区幸福美满生活的画面。令我印象深刻的是编剧此时安排给夏洛特的内心独白：在这本杂志出版的时候，我和特雷应该已经离婚了，但是又将会有无数的小女孩，会指着杂志里的这张照片说，这就是我以后想要的人生。

这段独白安排得恰到好处，令人印象深刻。我想，所谓的第一印象便是如此吧，现实生活中一定会有很多小女孩真的会因为看到杂志上的那一张"完美照片"而去认定她们心目当中的"完美人生"。但是，亲爱的女孩，我想要借此告诉你：不要被第一印象所蒙蔽。

生活中，我们都会有这样的经验：当处在一个完全陌生的环境里的时候，接触到任何一个陌生的人，我们都会很容易给对方贴上一个让自己能够迅速辨认出对方的"标签"，这样的"标签"便是我们对他人的第一印象。但是随着时间的推移，当你慢慢对周围的人与事熟悉下来之后，你会发现，很多你当时所贴的"标签"都是不正确的。很多时候，我们就是会被第一印象所蒙蔽，继而产生认知偏差。

一个燥热的午后，一辆行驶在山村路上的中巴车上坐满了昏昏欲睡的乘客，其中包括一对怀中抱着一个正在睡觉小孩的看似斯文懂礼的小夫妻和一个五大三粗的中年糙汉子。当孩子在车里哭闹的时候，中年汉子睡觉被吵醒，便粗暴地对这对斯文的小夫妻发难，让他们赶紧哄好小孩。小夫妻连忙对其他人说抱歉，表示孩子有点水土不服，不肯喝奶，所以哭闹不止，希望大家能够体谅一下。然而，此时的中年糙汉子并没有任何收敛，反而变本加厉，对着这对小夫妻大声吼叫，将车上的所有乘客都吵醒了。小夫妻见到大家都被吵醒了，中年糙汉子却还在不依不饶，孩子又是哭闹不止，情急之下想让司机停车让他们先行下车，以免打扰到别人。这时，中年糙汉子却得寸进尺，拦着这对夫妻不让他们下车，并让他们赔偿自己精神损失费。看到这样的场景，你会想到什么？你的第一印象又是什么？或许我们很多人的第一反应都会是跟车里的其他乘客一样，充满了对中年糙汉子的鄙视与不理解。大家纷纷劝阻中年糙汉子，得饶人处且饶人，说小孩子出门在外，哭闹是难免的事情。但是这个中年糙汉子就是不听劝，一直在对这对夫妻推搡叫嚣，甚至拿出包里的水果刀挡在他们的面前，叫嚣道："你们今天要是不把钱给我，就别想下车！"看到这里，你又会想到什么？难道这个中年糙汉子是劫匪？他们遇上了抢劫？车上的乘客与你我的想法一致，他们以为自己遇到了作恶多端的劫匪，于是纷纷打电话报警。

看到那么多人报警，那对斯文的小夫妻却赶紧拿出包里的钱，想要满足这个中年糙汉子的要求，让他放下手中的刀具让他们赶紧下车。当警车到了附近的时候，小夫妻更是不管哭闹的小孩和车上的行李，想要赶紧下车。这时，你察觉到其中的异常了吗？这对夫妻面对即将到来的警察为何会如此慌乱？又有哪对父母会慌乱到可以丢下自己的孩子独自下车？这一切是不是都让你越来越迷惑？其实，事情的真相并不难理解。早在汽车行驶途中，孩子开始哭闹的时候，中年糙汉子就察觉出这对夫妻的异常，他发现这个男人在给孩子冲奶粉的时候居然用的是矿泉水瓶里的冷水，并且在奶粉没有完全溶化时就急急忙忙塞到孩子的嘴里想要阻止孩子哭闹。而当孩子继续哭闹的时候，女人给男人使眼色让他将一包白色粉状物加进奶瓶里面喂给孩子。很快，孩子就停止了哭闹，沉沉地睡了过去。这时，你已经猜到了吧，原来看似粗鲁不讲理的中年糙汉子是潜伏在车上的便衣警察，他所有看似不合理的举动都是为了自然地吵醒大家，让大家对这对夫妻产生警觉并报警叫来同伴，并尽全力不让这对夫妻发现他的真实身份，从而保证他们手中孩子的安全，而这对看似斯文讲理的夫妻却是可恶的人贩子！

亲爱的姑娘，你看，看似讨人厌的中年糙汉子实际是好人，而斯文的小夫妻却是实实在在的坏人。很多时候，生活就是如此滑稽、充满反转，看似最不可能的事情往往就是真实的。所以，亲爱的姑娘，不要过于相信自己的第一印象，要学会用心观察，用心体会。

心灵通透，能够识别他人谎言

无论身处什么时代，在教育子女的时候，父辈们似乎都会提倡"诚实守信"。所谓诚实守信便意味着真诚、老实、遵守约定。从中华民族传统美德以及社会公序良俗的角度来说，没有人是反对诚实守信的；然而，今天我们所要讨论的却是"学会机智策略"。

亲爱的姑娘，所谓机智策略，并没有任何的贬义成分。我并不是让你学会虚伪，而是提倡在保护好自己的前提下，用辩证的、怀疑的眼光去思考别人传达给我们的话语，学会自保，学会分辨谎言与真话，学会从鱼龙混杂的人际交往中筛选真正对我们有积极作用的信息，而不是傻傻地被利用、被伤害。

曾经，我们信奉：你真诚待人，别人自会真诚待你。这样的道理在绝大部分情况下仍然是正确的，也仍然值得我们去相信，去为之奋斗。但是亲爱的姑娘，我们总要长大，总会遇到很多童话故事中并不存在的邪恶，总有可能会遇到很多我们的亲人并不乐意让我们经历甚至知晓的悲惨事件，总有可能会遇到很多超乎你的想象的谎言。亲爱的姑娘，无论你身处多么有爱的家庭，无论你生活的环境多么优良，无论你所拥有的资源多么丰富，有一点是你无法改变的——个人的成长无法被替代，只能够靠我们自己。所以，亲爱的姑娘，很多父辈无法言说的人生道理，只能我们自己去感悟。

就在前几天，微微亲手拉黑了一个交往5年的好朋友。没错，是交往了整整5年的朋友。提及拉黑的原因，微微感觉很委屈。"当初她来深圳的时候，住在我这边，住了整整1年，我从来没有跟她计较过。"说起这件事情的时候，微微还是掩饰不住地委屈，几度想要落泪。

微微交往了5年的朋友是她的同乡，两家住在同一个小区。微微毕业之后就来到了深圳，年龄上算是一个小姐姐，家里的父母总是叮嘱她要多照顾照顾这个同乡的小妹妹。除此之外，两个同乡的人共处在陌生的大城市里也算是互相有个照应。因此，但凡这个妹妹遇到事情，微微总是不遗余力地提供帮助——在妹妹刚刚来到深圳找工作的1年时间里，见她没有收入来源，微微就将自己的小房间分享出来，与她同吃同住。谁都知道这会多么不方便，但是也这么过来了。在妹妹加班到深夜的时候，微微担心她的安全，就总是在她的公司楼底下等着她一起回家；在妹妹失恋难受的时候，微微总是陪着她一起度过，为她排解忧伤直到深夜，哪怕第二天顶着硕大的黑眼圈去上班；为了帮助妹妹顺利晋升，有1个月每天下班之后，微微都牺牲自己的私人时间，陪着她一个字一个字地琢磨文笔。

这还不算完。前两年这姑娘谈了一个男朋友，觉着还挺合适的，便很快就搬出去与男友同居了。后来，他们想要在深圳买房结婚，还没等到姑娘开口，微微就主动借了3万块钱给她……某天，姑娘转了一篇文章给微微，说是她的新文章，需要有足够的阅读量，她觉得微微的公司资质更高，如果能够在她的公司平台里面群发，一定会带来不小的传播效应。姑娘便拜托微微帮忙将文章转发到她的公司微信群里。然而，微微在阅读这篇文章之后发现文章中所表达的观点正是前两天她的领导提出需要规避的观点。于是，微微便拒绝了她的要求，但是也不方便将原因说得通透。微微认为以她们的关系，很多事情并不需要解释，对方一定是可以理解她的。

然而就在几天以后，微微想要约她一起出去聚会的时候却被拒绝了。原本微微也没多想，偏又从共同朋友那里看到了这姑娘屏蔽微微发送的一条朋友圈："好爽！今天拒绝了一个伪君子！"

呵呵，微微凄笑一声，没有解释，没有质问，主动将这姑娘所有的联系方式拉黑了。

亲爱的姑娘，现在你能明白为什么我们要学机智策略了吗？有时候，我们认为只要足够善良、诚实、谦让，这个社会就会自动为我们留下一处栖身之地。但是，亲爱的姑娘，许多悲惨的经历都告诉我们，事实并非如此。所谓的"升米恩，斗米仇"说的就是这样的道理。人心有时候就是如此微妙，在饥寒交迫的时候，你给别人一碗饭，他会感恩戴德，但是如果你继续给，他就会把这些善举当成是理所当然。如果你不能学会机智策略，不能学会让自己释放拥有棱角的善良，只是一味傻傻地给予，那么，相信我，你的善意、你的退让、你的真诚在这些人面前，只会变成他们获取自身利益的渠道。你的机智与策略的缺乏只会激发他们人性中最为叵测和最邪恶的一面，而你只会被当成一个"傻子"。

亲爱的姑娘，学会机智策略，学会分辨别人的谎言。让自己的善良拥有棱角，将你宝贵的善良给予真正需要的人，而不是用自己毫无原则的善心，养出一群嗜血的白眼狼。

第09章

拥有自我保护能力，快乐安心地度过校园时光

当我们回忆自己人生当中做过的糗事或者遭受过的困境，会发现绝大部分都是在自己的学生时代。成年之后的女性因为见识多了社会的复杂与人心的险恶，通常已经具备相应的自我保护能力，因而不太容易出现各种意外。而正处在青春叛逆时期的女孩群体，最容易控制不住自己，从而遭受诱惑、发生意外。因此，还在上学的女孩应当格外注意提升自我保护能力，度过属于自己的平静校园时光。

第 09 章
拥有自我保护能力，快乐安心地度过校园时光

不在任何同学家中留宿

不留宿任何同学家中，除非对方与你的父母熟识并且已经征得了你父母的同意。当听到这句话的时候，年轻叛逆的你或许会不屑于笔者的认真与严肃，但是，亲爱的女孩，有多少事故都是发生在熟人这层"外衣"之下，请你仔细听我慢慢说。

或许，涉世未深的你会认为媒体上的极端案件离你很遥远，长辈的关心话语也都是听听而已。但是，亲爱的姑娘，无论在什么时候，最爱你的人永远都是你自己的父母，或许你认为他们与你有代沟，或许你认为他们理解不了你的真实想法，或许你认为他们的时代已经过去，但其实，很多事情等到你自己经历过就会知道：最爱你的人永远都是你的父母，甚至远远超过你的知心爱人。因为对你是发自内心地、真心地爱护，他们可能会神经过度紧张到让你不满；因为想要让你开心快乐地度过一生，他们可能会对你提出超出你认知的要求以至让你很辛苦；因为过于想要保证你一切完美，他们可能会在不经意间流露焦躁，表达严厉。但其实，亲爱的姑娘，唯有真正深爱你的父母才会如此，难道他们不知道这样会让你生气，惹你不快？难道他们不清楚你的脾气，不知道省心偷懒？他们一切都知道，但仍然坚持对你的教育，基于对你的保护，基于对你的爱护，基于对你的疼爱。当他们让你不要留宿在同学家中的时候，请

你千万要听从，一定是他们敏锐的嗅觉察觉出了些许的不安全，而这点点的不安全对他们来说风险实在太大。他们无法拿你的生命安全去冒险，无法拿他们深爱的女儿的人身安全去冒险，哪怕只是一丁点的可能性，都绝不允许。

亲爱的姑娘，请你不要留宿在同学家。选择不留宿在同学家并不代表对你同学不信任，而是与你同学背后或者周围的人们保持一个安全距离。或许，你跟同学玩得很要好，沟通得很愉快，但是不要忘了，每个人都有自己的小秘密。你所看到的、了解到的永远都只是别人想要展示给你、想要让你看到的。或许出现危险的时候，你的同学本人会尝试保护你，但是，放弃自己家庭这个温暖的避风港而去把自己的安全押在同样未成年的一个同学身上，这样真的安全吗？亲爱的姑娘，希望你能够懂得，永远不要将自己的后背留给未知，因为未知总是充满变数，让人害怕。

2003年的端午节，年仅23岁的王晨旭在持刀砍死一人之后开始了一个人的逃亡生涯。为了躲避抓捕，他不敢回家，不敢用自己的身份证，一路拾荒走路去了远离自己家乡的贵州。在贵州，他化名李佳，遇到了一户愿意收留他的人家。这户人家只有两个人：中学生沙洁和奶奶。沙洁是一名长相清秀的善良女孩，她的父母外出务工，她跟随奶奶在家生活。善良的奶奶看到流浪的王晨旭，仿佛看到了自己儿子年轻时在家的时光。出于善意，奶奶收留了王晨旭并收拾了一间房子让他住着。王晨旭许久没有在一个固定的地方待过，更是许久没有得到过家庭的温暖，内心百感交集。他为了感恩这名善良的老奶奶，每天很勤快地将所有家务活儿做完，还帮沙洁辅导功课，日子过得也算安稳。直到有一天，沙洁带了一位同学回来过夜。出于孩子天生的好奇，同学问了王晨旭很多问题：你来自哪里？为什么会流浪？家里还有其他人吗？王晨旭回答了一番以往的说辞，却在一些细节上与以往同沙洁和奶奶说过的对不上，这一点引起了沙洁和奶奶的怀疑。

　　沙洁和奶奶的提防被王晨旭察觉到，他试图自圆其说，结果却越描越黑。奶奶为了让王晨旭尽快离开，便告诉王晨旭，沙洁的父亲很快就会回来。王晨旭内心更加不安，便对当日来家的那位同学怀恨在心，他认为当日如果没有她的到来，自己便不会受到怀疑，自己的好生活便不会结束。王晨旭越想越生气，激愤难耐之下，竟蓄意将沙洁的同学杀害了。只是这次，王晨旭没能逃走，他被当地警方抓住并得到了应有的惩罚。

　　亲爱的姑娘，请你不要以为上述案件只是个别案例，不会发生到你的身上。我想告诉你的是：大千世界，无奇不有。很多你所认为的"遥远的事情"其实离我们很近，人生总是充满了一个又一个意外。很多外在的安全因素我们没有办法控制，所以我们只能从自身出发，做到尽量远离安全隐患，做到时刻将安全警示牢记在心。只有如此，才能保证我们自身的安全。

青春期，
女孩保护自己的关键

了解校园霸凌

　　任何年代的任何学校，总是会存在各式各样的校园霸凌。国际上对于校园霸凌的定义是：一个学生长时间、重复地暴露在一个或多个学生主导的欺负或骚扰行为之中。霸凌者（一个或者一群）通常拥有比被霸凌者更多的力量以及权势，会对被霸凌者进行重复的伤害。遭受到校园霸凌的同学无疑是可怜的，然而更可怜的应该是遭受到霸凌之后的逆来顺受，因为通常霸凌者能够成功的原因也就在于被霸凌者不懂得如何反抗、如何保护自己。而事实就是这么残忍，越是不懂得如何反抗，越是被放肆地欺辱，就越是胆小、懦弱、自卑，就越会被欺辱得更惨。如此恶性循环，直至最后酿成悲剧。因此，遭遇校园霸凌，不应该一直忍耐，应当用科学的方法对待。

　　如果你很不幸地正在遭受校园霸凌，那么希望这篇文章能够给你勇敢反抗的勇气。研究数据表明，霸凌也有可能带来积极影响，前提是你愿意站出来。美国作为世界上校园霸凌案件发生最多的一个国家，曾经有学者专门针对那里的校园霸凌做过相应的研究。研究发现，虽然校园霸凌会给参与者带来不可估量的负面影响，但是对于被霸凌并且懂得反抗的学生来说，反而有一些积极作用——那些反抗校园霸凌的人，日后的社会竞争力更强，也更为成熟。反抗校园霸凌锻炼了他们积极解决冲突的能力，也提前给他们上了一课：这个社会并不是所有人都会喜欢你。虽然由此可知校园霸凌并不是一无是处，但是没有人会希望这样的悲剧暴力发生在自己的身上，并且这样的积极效果也只仅限于那些懂得反抗的人。

如果你不幸地曾经遭遇过校园霸凌，并常常陷入痛苦中，那么，希望这篇文章能够让你尽快走出被霸凌的阴影。被霸凌通常会让人产生不安和无助感，即便已经长大成人，这种感觉也还依然存在。但是请你千万相信，这些感觉是可以被治愈的。

首先，坦然承认自己曾经被霸凌。就像已经分手的恋人，受伤害更深的往往是付出更多、更加难以放下这段关系的人。美国加利福尼亚大学洛杉矶分校的一项研究发现：有一些被霸凌者在成年之后很难走出阴影，一部分原因在于他们经常花费数年的时间试图将幼年时自己因遭受霸凌而产生的伤害最小化，劝自己"这没什么大不了"，或者干脆试图假装这样的事情从未发生过。并且被霸凌者通常会有一种自责感，总是在懊悔过去的自己不够勇敢，幻想着如果当时自己能够勇敢一点，或许就不会被欺负。但是，笔者要讲的是，要想治愈霸凌带来的心理创伤，第一步应该是坦然地接受被霸凌这件事情，接受你对曾经被霸凌这样的事情无能为力，你无须为此自责，该为这件事情自责的是霸凌者，而不是无辜的你。承认这一点，承认过去已经发生的事情，才能进一步地认清它带给你哪些影响，并积极努力地解决这些负面影响。

其次，重新认识到自我的价值。不能因为曾经发生过的一些不美好就全盘否定自己的能力与价值。幼年在被霸凌的过程中，你可能听到过很多次贬低你自身价值的恶毒言语，但是你要相信，这些并不是真相。欺辱你的人从未真正地了解过你，他们的恶语也只是为了欺辱你进而打击你自信而编造的谎言。当你忧郁的时候，应当尝试去发掘自己真正的价值，用积极的自我评价去替换掉那些消极的话语，用积极的行动带来前进的动力，驱赶内心的阴霾。换个角度思考，通过被霸凌的这个经历，我们可以更好地关注自己的个人成长。例如，你可以积极思考自己还有哪些需要成长的地方，将自己曾经不幸被霸凌的伤痛转变为提升自我能力的契机。

最后，如果你感觉一个人难以承受、难以自愈，请一定要向外界求助。向关爱你的亲人朋友、向懂得你的师长同学寻求帮助，将自己的痛苦分享给能够懂你的人，不要觉得你的分享会给别人带来负担。实际上，在这个世界上，总有人是爱着你的。

警惕道德败坏的老师

"严老师，我就把我姑娘托付给你了，麻烦你帮我照顾好她，等我放假了我就回来接走她。"妈妈一手拎着我的书包，一手牵着我，用有些讨好的口气对我面前的中年男人说道。妈妈用眼神示意木木的我赶快打招呼："快喊人，叫'严老师'。""严老师，你好。"我用很轻的声音说道。妈妈的脸上有些尴尬，抱歉地对我眼前的严老师笑了笑。这个严老师却是满脸堆笑："没事的，孩子还小，还是个女孩子，难免害羞。你放心吧，你不在的这段时间，我会替你好好照顾她的。"说着，他一把拉过我的手："这孩子在我这里你放心，我会把她当我亲姑娘看待的。"妈妈点着头，连声说着谢谢。而我只是觉得被他攥着手很别扭。我已经13岁了，是大姑娘了，很多事情我都已经懂了，我赶忙挣脱他的手。

最终，妈妈还是要走了，临走的时候，妈妈再三叮嘱我："听老师的话，啊？"我没有应声，其实我想跟她一起走。"有事给妈妈打电话。"最后，妈妈还是丢下这句话就走了。我看着妈妈的身影越走越远，想哭但是又不敢哭。

我不愿意待在这个"驿站"，更何况是白天黑夜都待在这里。可是没有办法，既然妈妈希望我留下来，那我就留下来吧。从此，我的学习和生活都将在这个陌生的小房子里进行，我的安身之处就是一张小小的课桌和一张小小的床。我每天面对的人就是一帮陌生的孩子，有的比我大，有的比我小，他们来自不同的学校和不同的班级，有男生，也有女生。我不喜欢跟他们一起玩，但是我却很羡慕他们，因为每天放学之后，不论多晚，他们都可以回家。看着他们雀跃地跳上爸妈的电瓶车，我除了羡慕还是羡慕，而我只能继续在这个屋里待着，最多出去走走。我曾经很想走了就不再回来，可是我怕妈妈回来了找不到我，会着急。我怪妈妈把我丢在这里，但是我却不恨她，因为我知道妈妈一个人把我带大有多么不容易。

我知道妈妈是没有办法才会把我丢在这里，自从爸爸去世之后，妈妈一个人带着我，一边打工一边接送我上下学。因为每天都要照顾我，妈妈赚不到很多的钱。这次，妈妈要去浙江上班，她说那边的工厂工资很高，等她再苦几年，攒够了我上高中和上大学的钱，就会回来跟我团聚，以后再也不会分开。妈妈说她去了浙江就没有人能够照顾我了，我说我可以自己照顾好自己，但她还是不放心，她对我说："孩子，你要把时间都放在学习上。"所以，她找到了这家"驿站"，将我交给了严老师。妈妈说她打听过，这个严老师人很不错，把我交给他，她很放心。妈妈让我一定要听严老师的话，不要任性，不要让老师不高兴。

我很想妈妈，希望她能尽快回来跟我住在一起。但是在跟妈妈通电话的时候，我却不会告诉她我很想她，因为我知道如果我说了的话，妈妈一定会很难过。爸爸去世的时候，她已经够难过了，把眼睛都哭伤了，现在我不要她再难过了。与其让妈妈难受，我宁愿让自己难受。我会好好写作业，好好学习，等着妈妈早点回来看我。

但是驿站的那个严老师，我是真心不喜欢。我趴在桌上写作业的时候，

第 09 章
拥有自我保护能力，快乐安心地度过校园时光

他总是凑到我身边，伏在我的背上，双手撑住桌子，将我整个人都圈在他的身体下。每当这个时候，我的身体都会僵住，肌肉紧张。有一次，严老师猛地抓住我的右手，我吃了一惊，他讪讪地说道："这道题做错了，我教你。"还有一次，我正在房间换衣服，突然，我的房门被打开了，可是我明明已经关好门了！我恶狠狠地盯着开门进来的严老师，他尴尬地说："我以为房间里没有人呢。"但是在他退出去的时候，我分明看到他的眼睛在我身上停留了几秒钟。我感到莫名的害怕，但是却没有人可以说。我知道，如果我告诉妈妈，她一定又会担心。

那天晚上，大家都走了以后，空气异常安静。严老师走到我的跟前，手心里托着好几颗药片，有两种颜色，还接了一杯水递到我跟前，说："这是钙片，你正在长身体，快吃了吧。"我虽然感到很疑惑，但还是很听话地将药片吃了下去。

没过多久，我就感觉到天旋地转、头疼欲裂，整个人都软绵绵的，就像一个棉布袋，随时都有可能会瘫倒，渐渐失去了知觉。

第二天等我醒来的时候，天已经亮了，房间里就只有我一个人。此时，我感受到了下身传来的阵阵刺痛，发现自己被侵害了。我的眼泪再也抑制不住地往下流。"妈妈，你在哪里啊？你快回来救我啊！"我在心里哭喊着。

我强忍着不舒服，默默回到房间收拾好自己的书包，有气无力地走出驿站的大门。隔壁的奶奶看到我，笑眯眯地问我："姑娘，这么早就去上学啦？"我木木地说："奶奶，你的手机可以借给我打个电话吗？"拿着奶奶的老人机，我拨通了妈妈的手机号码，听到妈妈声音的那一瞬间，我"哇"的一声哭了出来，再也控制不住我自己："妈妈，驿站的严老师他欺负了我……"说完，我整个人都倒了下去，只听到奶奶大声呼喊："快来人呐！"……

这是由一个真实案例改编的，姑娘们，请擦亮你们的双眼，不要以为教育机构就是安全的桃花源，因为老师之中也有道德败坏的。

女孩风头过甚，容易招来祸患

所谓"木秀于林风必摧之，堆高于岸流必湍之，行高于人众必非之"，说的就是这样的道理：树大招风，因此要想保护自己，我们应当学会低调行事。

低调行事并不是让我们刻意地低人一等，也不是一味地忍让他人，而是要学会以退为进，不争而获。低调并不是让我们完全与世无争，而是要我们学会拥有一种超越别人的智慧，以和为贵。低调是学会谦卑，学会在适当的时候保持适当的低姿态，这绝对不是怯懦的表现，而是一种中庸的人生智慧。亲爱的女孩，如果做人能够做到保持谦卑，放下架子，既不张扬，也不张狂，这不仅是一种人生态度，也是一种美好修养的体现，更是优雅知性的彰显。

正如《道德经》中描述的："以其不争，故天下莫能与之争。"仔细研读历史人物的成名史，你会发现，大多数的名人都是低调而不争的。他们的低调并不是真正的毫不反抗，随波逐流，而是懂得在适当的时候展露自己的锋芒，一击而胜。在没有合适的机遇时，宁可被欺负也会隐藏自己的锋芒。反倒是那些有些小聪明的配角，总是会极力地展现自己的能耐，却也被淘汰得最快。就好比电视剧《甄嬛传》中的夏常在，刚刚进宫获得晋升的第一天，就依仗自己显赫的家世随意欺人，最后只能是被狠辣的华妃当成了靶子，成了"杀鸡给猴看"的"鸡"，华妃轻轻松松地赏了她一顿"一丈红"，断送了这位嚣张跋扈的夏常在的一生。反观女主甄嬛，了解到了深宫中的尔虞我诈之后，自觉没有能力面对，宁愿一直被欺负，甚至称病不让自己获得盛宠，以保生命安全。相较而言，谁更有智慧，高下立现。没有了生命，就算再多的恩宠又当如何？

木秀于林，风必摧之，是让我们学会低调行事，懂得适时地隐藏自己的锋芒，但也绝对不是让我们消极避让。百事退让，这又是另一个错误极端。大智若愚，讲的并不是一个人明明有很多的智慧，却故意表现得很笨，而是拥有大智慧的人从来不故意卖弄自己的聪明。保持低调，在平凡中保持不平凡，在消极中保持积极，在不备中保持随时解决问题的能力，在静中观察动，在暗中观察明，以获得人生的优势。

学会低调，是让我们学会保护自己。人生在世，会遇到很多形形色色的人与事。俗语说："枪打出头鸟"，在与人相处的过程中，如果保持低调，会让我们减少很多可能原本不会遇上的麻烦，就好比一个抢劫犯绝对不会去抢劫一个看似比他还要贫穷的人。都说一个美女的好朋友必定会是一个丑女，这话并不是绝对的，但是也可以从侧面反映出人与人之间相处时的复杂性。事实上，这个世界上最难的事情的确是人与人之间的相处，相同层级的人之间相处时，大家所处的位置都类似，因而可以更好地互相理解，减少矛盾的产生；而这时如果有一方率先取得了阶段性的进步，并且还不知道保持低调，反而刻意炫耀自己的能力，可想而知，这样的人必定会受到同辈的排挤与打击，甚至招致灾祸。而保持低调做人，低调做事，就是让我们学会保存自己的实力，有朝一日，即便落难，也仍旧可以在那些所谓的"强者"面前很好地生存和发展。

亲爱的姑娘，在平时的工作生活中，你要学会保持低调，不喧闹，不做作，不假惺惺，不矫情，即便自己认为自己满腹才华，也请学会藏拙。藏拙是为了让我们有机会更好地前进，不嚣张才能更好地受人敬重。

亲爱的姑娘，请你记住：福兮祸所伏，祸兮福所倚。在受人瞩目的时候，学会保持言行低调，将姿态放低，才能更好地保护好自己。而不张扬、不偏激，不仅是人生的一种品格、一种智慧，更是人生的一种姿态与谋略，是人生的风度与修养。

亲爱的姑娘，每个人都生活在"社会"这个大家庭中，很多时候都会身不由己。这时，如何与身边的人搞好关系是我们人生一门必修的功课。在与人相处时，要学会尊重别人，懂得去欣赏别人的优点，以宽阔的胸怀对待别人的不足，以真诚的态度去与人交流，摆正自己的位置，只有尊重他人才能更好地经营自己的人生。

正确认识友情与爱情

从小到大，我们每个人都会拥有许多的朋友。其中，既有男性朋友，也有女性朋友。接触到异性朋友是很正常的一件事情，但是如若处理不好与异性的关系，受伤害的总归是女孩。因此，作为女孩，尤其是身处青春期的女孩，在与异性相处时，如何区分友情与爱情、如何才能更好地保护自己是必须学习了解的一个话题。

我们要正确区分友情与爱情，首先就要了解男女之间的差异：男女在同一件事情的表达上会有很多的不同。男生可能会认为拉女孩的手过街、送她回家、拍拍肩膀、谈天说地、单独交流都是稀松平常的事情，是自己有礼貌、有绅士品格的体现，并不一定代表他有心追求这个女生。但如果遇到比较保守的女孩，本着"男女授受不亲"的传统思想，女孩可能会认为这是男孩在对她释放善意，因而不轻易让男孩拉手、触碰，也故意不与男孩聊天，此时，更容易让人产生遐想。但这其实只是一个美丽的误会。因此，在这种表达感情的尺度差距很大的情况之下，我们应当以冷静为上。不要轻易地动感情，如果对方没有明确地表达好感或者直接追求，那么宁可停留在好友阶段，也不要让自己保持无谓的单恋，否则只会受伤害。

其次，需要我们认清友情与爱情截然不同的本质。聊得来、一起工作、兴趣相近等，的确是产生爱情的很好条件。但是不要忘了，这些也是产生友情的基本要求。而爱情，不只是这些，还必须在此基础上加上"爱"字。因为有了爱意，他会觉得你是世界上最好的人，这份浓烈的感情会让他鼓起勇气，左思右想最终表明自己的心意。所以除非对方明确表达，否则不要轻易想入非非，独自陷入苦恋。

友情是广泛的，而爱情却是唯一的。友情与爱情都属于广义的感情，但是友情是爱情的基础和前提，而爱情则是友情的发展与质变，两者之间其实是有本质区别的。友情可以发展为爱情，也可以永远停留在"友情以上，恋人未满"的阶段。很多时候"当局者迷，旁观者清"，因为当事人的确很难区分清楚友情与爱情，此时，就可以借用日本一位知名学者提出的五个指标来厘清二者的区别：

（1）支柱不同。友情的支柱在于"理解"，而爱情的支柱则在于"感情"。友情的建立不光需要我们了解彼此的长处，也需要了解互相的短处，只有同时了解优缺点，友情才能够坚固并得以长久维系。而爱情的形成在于对对方的美化，是将对方的优点无限放大，视作理想之后产生的爱恋，贯穿其中的是感情。

（2）地位不同。友情的地位在于互相平等，而爱情的地位在于"一体化"。真正的朋友之间大可率性而为，持有不同的意见时可以直言相告，哪怕明知对方会生气，但是为了互相欣赏的价值观念，仍然值得义正词严地进行规劝；而爱情则不然，拥有爱情的两人具有一体化的荣誉感，两副身躯却讲究同一颗心。两者要求的不是相互碰撞，而是相互融合。

（3）体系不同。友情是开放的，两个人的友情允许多个人的加入，最终形成一个更大的朋友圈，原先组局的两个友人有可能反而不是最为亲密的两个人；而爱情是封闭的，两个人的爱情不允许有第三人的加入。

（4）基础不同。友情的基础是"信赖"，而爱情的基础却是"不安"。朋友之间讲求相互信任，一份真诚的友情要求朋友之间绝对地依赖；反观爱情中的男女，却不能只是绝对的依赖和支持，在有所依赖的基础之上更多的应该是彼此的独立，只有首先各自建立起独立的人格，才能组成共同依赖、互相扶持的家庭体。

（5）心境不同。友情的长存让人充满"充实感"，而爱情的相处从本质上来说是永远充满"欠缺感"。与友人相处时，我们并不会刻意追求完美，只会不定期地随心情而聚，并不会对友人有过分的、额外的要求，因此友情总是让人充满幸福的满足感。爱情在一开始也是这样，但是到了后期，你会发现，对方在你的心里总是有所欠缺。因为更了解，所以你就有了更高的要求，他所欠缺的也会更多。

同性相斥，异性相吸，本就是大自然的一个基本规律。青年男女之间的友情也很容易转变为爱情。友情与爱情都是极其宝贵的，美好的友情会让我们一生受用不尽，但友情若变了质，却转化不成成熟的、充满智慧的爱情，不仅原本的友谊会不复存在，留下的伤痛也会烙在人的心上，成为一生之痛。因此，只有正确区分友情与爱情，才能避免让自己遭受到无谓的感情伤害，从而保证自己的安全。

小心那些无事献殷勤的人

俗话说："无事献殷勤，非奸即盗。"这并不是没有道理的。人生在世，经历过几多沉浮之后，我们都懂得：除了你的亲生父母，没有人会无缘无故地对你好，更不会无缘无故地给你好处。平时如果对你不闻不问，突然之间却对你百般讨好、大献殷勤，这时必定没有好事发生。此时应当警惕此人是否要你做不好的事情，或者想要从你这里得到好处。

有一只公鸡想要去很远的地方游玩，公鸡害怕在路上会有危险，就找来一条大狼狗，想要和狼狗一起赶路。狼狗答应了，叮嘱公鸡在路上一定要听它的话，否则，出现意外它就救不了了。公鸡答应了，于是，它们一起上路了。

到了晚上，狼狗对公鸡说道："明天早上你可以不打鸣吗？打鸣会引来其他危险动物的。"公鸡嘴上答应了，心里却不以为然："我的嗓音这么美妙，不让其他人听到多可惜呀，好不容易出趟远门，应该让更多的人知道我的嗓音好听呀。"夜深了，狼狗让公鸡到树上去睡觉，并告诉它："我就睡在树下面，如果有人喊你下来，你就说要得到我的同意。"公鸡答应了，一跃就跳到了树上，在树枝上栖息，狼狗就在下面的树洞里过夜。

黎明到来时，公鸡将狼狗昨晚说的话全当成耳旁风，它仍像往常一样啼叫，甚至故意叫得更加嘹亮。有只狐狸听见鸡叫，想要吃鸡肉。它跑来站在树下，恭敬地请鸡下来，并且说道："多么美妙的嗓音啊！太悦耳动听了，但离得有点远，我有点听不真切。你能下来给我唱支小夜曲吗？"公鸡明明知道狐狸想吃它，却还是沉迷于狐狸的夸奖中不能自拔，它心想："我有狼狗保护我呢，一只狐狸没有关系。"于是，公鸡回答说："可以啊。不过请你先去叫醒树洞里那个看门守夜的。它一开门，我就可以下来了。"

狐狸听后，看到公鸡并不上当，眼珠一转，又另生一计。它谄媚地对公鸡说道："您的嗓音多么美妙啊！真的太悦耳了，相信一定有很多动物跟我一样，头一次听到这么悦耳嘹亮的声音。您可以再多叫几声给我们听一听吗？"公鸡一听正合它意，于是，公鸡越叫越起劲，越叫越嘹亮。不一会儿，有另外两只狐狸也听到公鸡的声音找了过来。最终，三只狐狸围住了公鸡和狼狗，狼狗自己奋力逃了出去，留下不听话的公鸡被三只狐狸抓住吃掉了。

童话故事总是简洁又明了，让人一眼就能看出破绽，看出谁是好人、谁是坏人，是谁心怀叵测，又是谁忠诚勇敢。然而，当现实生活中的一切事物都穿上迷幻的外衣，我们就分不清楚是与非、善与恶。其实，仔细想来，只要拨开诱饵的迷雾，很多骗局的本质就会立刻显现。只是很多时候，要看我们是否愿意这样做或者是否具备这样的本领而已。俗话都说："不听老人言，吃亏在眼前。"很多前辈都告诉过我们"世上从来没有免费的午餐"，然而，还是会有一些傻姑娘认为自己会是最特别的那一个。亲爱的姑娘，殊不知，坏人利用的正是你这颗不谙世事的单纯之心啊！

亲爱的姑娘，或许你的确是一个很独特的存在。但是，请你千万记住，这要分对谁，对于懂得你的、真正爱护你的人而言，你的特立独行、善良单纯会是他眼中的珍宝，他会倍感珍惜；但对于不懂欣赏你、并不是真心爱护你的人而言，你的单纯善良只会是他借以欺骗并利用你的一个弱点而已。所以，面对看似可怜的陌生人，亲爱的姑娘，请你尽量收起自己那颗恻隐之心，帮助别人的前提应该是能够很好地保护好自己；面对前方看似不可跨越的障碍，亲爱的姑娘，不要露出求助的可怜神色，展示于人前的最好是勇敢果决的行动，即便这个行动是错的，你也会学到更多，别人也会更加欣赏你，而不是只等着看你的好戏；面对无端出现的谄媚笑脸，亲爱的姑娘，迈开步子大步向前，留给他一个坚毅果决的背影，凡事要自立自强，我们也不用沾别人的光。

亲爱的姑娘，宇宙很大，我们所处的世界其实很小。相较于宇宙中的浩瀚世界，我们只是芸芸众生中的一个普通微粒。不论你的外形多么出色，在无事献殷勤的人眼中都只是可利用价值更高一点的皮囊而已。所以，亲爱的姑娘，你要不断学习进步，不断充实自己的内心，有空出去走一走，你会发现世界很大，世界上各种各样的人也很多。不管怎样，对无事献殷勤的人都要小心！

第10章

守住做人的底线，别被社会不良风气浸染

生活在信息爆炸的现代社会，我们能够接触到各式各样的美好与善良，也会遇到各种诱惑与阴暗。面对可能存在的风险与诱惑，亲爱的姑娘，我们必须学会擦亮双眼，用心去感受，在社会不断的历练中，坚决守住做人的底线。生活在现代社会，你永远不用担心会感到无聊，世界上多才多艺的人总是会给你带来无尽的惊喜与感动。但我们应该学会注意的是与惊喜一同而来的潜在危险。

青春期女孩不要混迹娱乐场所

很多时候，在年轻姑娘不幸遭遇强暴或者沾染毒品等新闻的评论区，在一大片表达痛心或者惋惜的评论下面，总是能看到一小拨人在冷嘲热讽：会遇到这种事情的人必定也不是什么好姑娘。躲在黑暗中的这些"键盘侠"肆无忌惮地发布着这些不负责任的评论，全然不顾当事人以及她们的亲友看到了会有多么心痛。但是从另一个层面考虑，这些人为何做出这样的总结性评论？我认为，这是因为在许多人的心里面，喜欢混迹于鱼龙混杂的娱乐场所与私生活不检点是有关联的，甚至可以说是画上等号的。

小的时候看琼瑶剧或者是一些经典电影，总是免不了看到一些富家痴情公子哥爱上美貌风尘女的故事。在那样的情节中，富家公子哥从来都是专一、忠贞并一往情深的，而风尘女大多都是有才或有个性的美貌女子，或是迫于生计，或是遭人迫害，最终流落烟花之地。亲爱的姑娘，你看，即便是虚构的电视剧情节中，风尘女子也多有一个令人同情的身世或者让人具有保护欲的悲惨过去。剧集的编剧从来不会安排这样的女主拥有主动前往这些娱乐场所的意愿，更不会描述她们在这些娱乐场所中所获得的快乐感受。所以，亲爱的姑娘，即便时代在进步，我们对于娱乐场所的认知与定义也在跟随着时代的脚步不断地发生着变化，但是你不可否认的是，安全意外发生在这些娱乐场所的概率要远远高于发生在你所生活的稳定的生活圈、工作圈、学习圈的概率。因此，从整个安全环境的角度上来说，我们需要尽量远离这些鱼龙混杂的娱乐场所。

亲爱的姑娘，尽量远离并不代表着绝不允许进入。我们生活在快速发展的21世纪，需要通过与外界的接触不断地增加自我的感知力，不断接收并了解更多、更新鲜的流行事物，只有这样才能保证自己与这个时代的差距不会越来越大，不会越来越脱轨。但是，亲爱的姑娘，凡事都需要保持一定的度。适当的参与并不代表着堕落与沉迷，但如果参与的次数与时间如果占据了你全部的空闲时间，已经影响到了你的正常生活，这时，我要奉劝你，亲爱的姑娘，请保护好自己，尽量让自己远离这些潜在的危险，远离这个生产各种意外的摇篮，远离这个酝酿各种事故的"造影馆"——让你产生虚幻的憧憬，却摸不着、够不到，可不就能称为制造虚幻的影像馆吗？

亲爱的姑娘，人类一切的行为都源于内心的渴求。如果你觉得经常混迹于这些鱼龙混杂的娱乐场所能够让你得到内心的满足与真正的快乐，那么你一定是一位意志非常坚定的姑娘，能够坦然面对一切的诱惑而不动摇，能够淡定地笑看一切灰色与阴暗而云淡风轻。但是，扪心自问，又有多少人能够真正做到这样面对诱惑而不动摇呢？在那个处处嘈杂、人人虚浮的娱乐场所，一切的追逐与幻想都被无限地放大，一切的设想与谈论都脱离了现实，在那里，所有人在你眼中都是可以称兄道弟的朋友，任何人的一句无心话语仿佛都变成你能够并且应当抓紧的所谓机遇。每天接触到并越发地坚信着这样的嘈杂与虚浮的你，真的可以重新回到现实吗？

亲爱的姑娘，没有必要为了好奇刻意去检验自己的意志是否足够坚定，就犹如没有必要为了逞强而刻意去跟同学、朋友做出一个自己本就没有把握的赌注。亲爱的姑娘，你的时间与精力应当花费在那些能够真正提升自我的事情中，如读上一本好书，培养一个自己的爱好，哪怕为自己或是家人与朋友做出一顿丰盛的晚餐。亲爱的姑娘，很久之后，你就会懂得：人生并不是所有的事情都能够重新开始，就好像并不是所有的错误都能够用道歉来挽回。等到有所经历，你就会深刻理解到能够拥有一份属于你自己内心的安宁有多么幸福与美好。这种安宁可以是你想要的一种生活状态，可以是一份你喜欢的工作，甚至可以是你爱着的一个人、一件物品。你会发现，所有这些能够让你获得内心安宁的绝不会存在于那种鱼龙混杂的娱乐场所。所以，亲爱的姑娘，请将你有限的时间与生命花费在值得的人与事上，花费在正确的地点上。

青春期，
女孩保护自己的关键

不要随便接受陌生人的搭讪

依稀记得曾经在一部影视作品中看过这样的一个故事：那是一个科技十分发达的未来时代，一位妈妈可以选择是否在自己的女儿大脑植入一块芯片，这样，她女儿的所见所闻都能被传输到妈妈的计算机终端上。这位妈妈自认为这种行为是出于对宝贝女儿的无限的爱，便毫不犹豫地选择了将这片芯片植入女儿的大脑。从此以后，女儿的所见所闻都在她的掌握之中，她不但能够观看到女儿看到的一切，甚至能够选择是否同意让女儿看到眼前的这个景象。如果她认为眼前的画面并不适合女儿，那么她就可以按下暂停键，计算机会将她女儿眼中的一切换成另一幅截然相反的景象。就这样，女儿在母亲"无微不至"的关心之下慢慢长大了。女儿曾经有过一只同她非常亲密的小狗伙伴，但是这只小狗意外死亡了。就连小狗最终惨死的样子，这位妈妈都选择了屏蔽，因为她不想让女儿看到伤心。

最初的几年时间，婴幼儿时期的女儿并不需要出去与人接触，计算机芯片最大限度地保证了女儿的心理安全，这位母亲很是满意。但是女儿总归是要慢慢长大的，随着接触的人越来越多，这位母亲的担忧也越来越多，但是令她欣慰的是，由于可以自由控制女儿的所见所闻，很多她所担忧的安全隐患被及时避免了。但是，女儿总是在不断成长的，她对于妈妈对自己的一切了如指掌产生了怀疑与思考。终于，女儿发现了自己这么多年人生背后的秘密。她开始为了自己的自由而反抗，但是最后却以失败而告终。女儿接受不了这样的现实，竟选择了自杀。这位母亲也因为接受不了这样的结果而选择了追随女儿而去。

这是发生在电视剧中的一个悲剧，但是我们却对有着警示作用。换个角度来说，亲爱的姑娘，任何人对于我们的保护都是外界的有限的保护，想要从根本上保证自己的安全还必须从自身出发，时刻保持安全意识。因此，我们要学会对陌生人保持警惕。

遇到陌生人的时候无须太过热情，俗话说，知人知面不知心，就算是曾经的好友，相隔数年之后也经常会有变化，更何况是你原本就不熟悉的陌生人呢？有人说，对待陌生人我们当然应该要警惕，但是陌生的电话就没有那么夸张吧。亲爱的姑娘，我想要告诉你，陌生的电话看起来距离我们有点遥远，实则离我们很近。因为它迷惑的并不是你的眼睛，而是你的心灵。老实说，陌生的电话比陌生人更容易让人放松警惕。因为见不到面，因为你认为电话另一端的人遥不可及，因为你盲目自信，陌生的电话比陌生人具有更大的迷惑性，也因此更容易让人放松戒备，最终上当受骗。

我们生活中的新闻学会报道这样的事情：一些因为诈骗电话而上当受骗的人，直到警察找上门来了，都还未意识到自己被骗了。更有甚者，压根儿就不相信警察所说的话，坚定地认为电话那头的对方才是自己最应该信任的人。究其原因，其实还是语言的力量超乎你的想象。电话中的骗子欺骗的并不是你的眼睛，而是你的心灵、你的思想。当你选择了相信他所说的话，他所描绘的欺骗事实就会被你相信，并且你还会自动过滤掉你一开始留意到的一些破绽。其实很多时候我们都会发现，骗子的骗术相当低级，但是总是会有那么多的人选择相信，于是上当受骗。究其原因，还是"一叶障目而不见泰山""当局者迷旁观者清"这样简单明了的道理。

　　亲爱的姑娘，我们说"不要随便与陌生人说话"，并不是让你变得冷漠，不是遇到需要帮助的陌生人时故意选择视而不见，而是让你学会鉴别、学会甄选、学会保持警惕。亲爱的姑娘，拥有善良的品质是一件非常美好的事情，善良对待身边的人也是我们提倡的。但是，保持善良也需要有底线，需要有锋芒，否则，你的无原则的善良只会被有心人利用。就像有位著名主持人曾经说过的那句话：没有棱角的善良，不仅不能向这个世界传达你的善意，反而输送了你的怯意；没有原则的善良，只会让真正的朋友寒心，让不值得的人永远都不懂得"不可侵犯"四个大字。有棱角的善良才是真的善良，没有锋芒、没有棱角的人，是很难在这个世界里越走越远的。

不参与没有亲人陪同的野外徒步

每每看到诸多突破我认知下限的社会新闻的时候,我的内心总是充满疑问:这个世界上真的有这么坏的人?的确,即便看多了各种各样的悲惨新闻,但是当事情没有发生在自己身上的时候,我们总是很难做到感同身受。就好比,我们的先人说过"没吃过猪肉还没见过猪跑吗?"而现代社会的真实状况却是:吃过无数猪肉却从未见过一只活猪。所以,亲爱的姑娘,时代在变,衡量诸事的标准也早已改变,人们经验的差异也变得很大,你或你周围的人暂时未遭遇到,并不意味着社会中真的不存在危险。在这个世界的某个角落仍然存在着落后与愚昧。这些你从未经历过并难以理解的部分仍然每天都在上演着。亲爱的姑娘,很多你所熟悉的人和事或许并没有你想象中的那么简单,很多时候,人与人之所以相处融洽,往往是因为互相没有利益冲突,而一旦你们生活在同一个环境,争取同一片有限的资源的时候,人性往往是经不起考验的。因此,亲爱的姑娘,不要将自己暴露在充满危险的环境之中,不要刻意去创造并经历风险,更不要因为好奇去挑战人性。等到你的人生有了足够阅历的时候,你自然就会明白,人性往往是最经不起考验的。

亲爱的姑娘,不要以为野外徒步只是出门走路那么简单,没有技术含量,认为随同陌生人出去根本不会有机会考验到彼此的人性。但是,亲爱的姑娘，凡事皆有意外，尤其在参加野外徒步这项充满挑战的团体性运动时，跟随陌生人一同出行的你随时有可能遇到诸多极端。当你徒步在野外，有许多我们习以为常的便利都会消失不见，有许多看似简单却要紧的问题都会以你始料未及的方式出现。亲爱的姑娘，或许你只是将户外活动当成释放情绪、缓解压力的一种生活方式，或许你只是认为自己足够成熟，或许你就是想要脱离家人朋友以便自己有足够的时间与空间来思考，但是，亲爱的姑娘，思考人生有很多种方式与方法，你实在没有必要将自己暴露在这样充满危机的环境之中。

或许你感觉野外徒步并没有任何的技巧可言，但实际上野外徒步只是看起来比较简单，实则有很多你并不清楚的常识性知识，有很多背后的危险值得我们深思。亲爱的姑娘，如今的我们都生活在一个信息化的时代里面，你习以为常的便利联系也只是在拥有网络的前提之下，脱离了手机、计算机，现在的我们远比从前的人们要脆弱得多。毫不夸张地说，现在的我们，一旦离开了手机、计算机，我们的家人朋友想要寻找到我们就犹如大海捞针。因此，如果此刻你的手机碰巧没电，身边随行的同伴也并不是熟悉的家人朋友，那时的你该是多么的危险呢？

亲爱的姑娘，请在野外徒步的时候选择与自己的家人同行，而不要选择与不熟悉的陌生人结伴。在户外徒步的时候，时间、路程与行走的速度都尤为重要。与自己的家人一同前往，不必按照陌生人规定的时间、路程、速度来进行，而是可以遵循自己的内心，寻找到适合自己的最佳步伐，量力而行，既能享受到旅途的美丽风景，又能够真正与家人轻松相处，收获人生的体会与感悟。

亲爱的姑娘，我们是生活在一个充满了极端矛盾与戏剧化冲突的世界中，而不是生活在处处祥和、歌舞升平的理想国度。即便你不相信，但野蛮仍存在，暴力仍一触即发。生活在繁忙热闹的都市中，你或许难以理解这些事件如何发生，你所熟知的电话报警、微信报警等常识性的自救手段都让你认为这个世界充满了安全感。但实际上，亲爱的姑娘，这个世界上总是存在那么多的荒山僻岭。即便这样的地点在过度开发的现代已经很少见了，但是在有心人的眼中，任何人烟稀少的野外都能够成为他作案的地点。因此，亲爱的姑娘，即便你很独立、很自信、很果敢，也请仍然保持警惕，对安全问题始终小心以待，在想要出去旅行的时候，尽量避免独自前往。进行野外徒步的时候，放弃不熟的陌生人，选择与自己的家人同行，你会在发现一个不一样的世界的同时保护好自己的安全。

搭乘出租车时做好安全防范

生活在现代社会，交通出行是我们日常生活的必需。公交、地铁、出租车也是我们经常会接触到的交通工具。每每谈及交通安全、坐车安全，总会有人认为是老生常谈，认为交通出行时的恶性安全事件是危言耸听，但是，亲爱的姑娘，安全就是这样，没有意外发生的时候最容易让人忽略，但是一旦发生这样的事件，你就会明白，安全是贯穿每个人一生的必修课，不论何时何地，我们的心中都应绷紧安全的弦，而乘坐出租车也是一件需要我们格外注意安全的事情。

生活在交通发达而又繁忙的大城市里，乘坐出租车是一件非常常见的事情。但是，亲爱的姑娘，稀松平常的事情并不能跟绝对安全画上等号，我们的心中如果没有时刻长鸣的安全警钟，即便是每天进行的吃饭睡觉项目，也会有发生意外的可能，更何况是还有数不清的陌生人参与的交通活动呢？因此，时刻保持警惕，增强安全意识，是我们每个人都不能忽略的。亲爱的姑娘，如果很不幸，你遇上了那个万分之一的概率，也请不要慌乱，要保持镇定。要知道，除非对方是个十恶不赦并且经常作案的老手，否则，他的内心必定是比你还要慌乱千百倍的，你的慌乱与不安，甚至害怕，无疑只会助长对方的信心，壮大他的胆量。所以，遇到任何意外都不要自乱阵脚，保持镇定才能够寻找到

第 10 章
守住做人的底线，别被社会不良风气浸染

脱身的机会。

我想，假如这个世界上有后悔药，假如时光可以倒流，假如所有发生的事情都可以再重新来一遍，芳芳绝对不会再做出同样的选择。

那一天，只是为了省下十几块的打车钱，芳芳在出门的时候选择了学校门口的小黑车。明明芳芳以前也经常和同学一起组团坐门口的小黑车出去逛街、出去游玩、一起回家，明明还是那个黑车司机，明明那个黑车司机看着还是那么和善，但是当意外发生之后，这一切的"明明"都显得那么的讽刺、那么的愚蠢。

那天在路上，其实一开始的时候，芳芳就已经感到一丝隐隐的不安。她环顾小车的四周，一切是那么熟悉，却又是那么陌生。或许是因为夏天燥热的天气，原本很健谈的司机突然不怎么聊天了，芳芳也懒得说话，车内的空气显得越发沉闷，时间久了，令人昏昏欲睡。芳芳不知道什么时候开始打起了瞌睡。尽管她一再提醒自己要保持清醒，却感觉无济于事，大脑似乎与自己作对，反而更加困倦起来。不知道过了多久，芳芳才渐渐有了意识，开始清醒起来。睁开眼环顾四周，却发现小车正驾驶在一条自己并不认识的小路上。芳芳慌张地问司机这是哪里，司机却不搭理她，径自朝前开着车。情急之下，芳芳想要打开车门跳车，打开车门跳下的那一刹，身上的背包却被车门夹住了。背包里放着新买的手机和回家带给爸妈的礼物，芳芳舍不得丢弃这些物品，整个人就这样被汽车拖着行走了好几百米。而司机看到芳芳打开车门准备跳车，反而猛踩油门让车子开始狂飙，想要逼芳芳回车上坐好。眼看着芳芳被车门夹住，司机才减速准备停车。车子稍微稳当之后，芳芳仍旧背着硕大的书包试图逃走，但结果可想而知，可怜的芳芳没能逃过这场悲剧。

在那样的情况，换成另外一个内心镇定一点的姑娘，在醒来确认自己遇

到危险之后，会利用以往跟司机之间的熟络打开话题，为自己争取报警求救的时间，在得到机会逃脱之后，丢弃影响逃跑速度的身外之物，这样的话，最后必然会是另外一个截然相反的结局。亲爱的姑娘，不论在何时何地、何种情况下，自己的人身安全永远都应该是放在首位的。遇到危险的时候，除了需要保持内心的镇定，还应当尽自己全力争取到尽可能多的时间来脱身，用最快的速度到达安全领域。此时，如果怀抱侥幸心理，松懈半刻，紧紧抓住累赘的身外之财便会导致更多的意外，这样的结果是最令人惋惜并痛心的。因此，亲爱的姑娘，请你时刻牢记，有舍才有得，钱财等身外之物都是以后可以再赚取的，生命才是最为宝贵的。舍弃了不必要的财物，才能收获到最为宝贵的安全财富。

第10章
守住做人的底线，别被社会不良风气浸染

面对同龄男孩也要小心

很多姑娘在没有出事以前，都不愿意相信这个世界上真的会有禽兽存在。毕竟，没有经历过的事情，实在很难做到感同身受。

亲爱的姑娘，不知道你是否听说过曾经轰动全国的"新东方外国语学校奸杀案"。年仅16岁的花季少女姚金易被残忍奸杀，而案发地点就是在北京昌平新东方外国语学校的教室里。更令人意想不到的是，凶手就是她的同班同学，17岁的王祎哲。而最令人痛心的是，直到两年后的4月5日，女孩姚金易在被奸杀600天以后，遗体才终于可以入土为安。而如果她此刻还在，正当是18岁的花季。

18岁的年龄，本应该是如花一样开始绽放，本应正在享受自己的青春年华，人生的帆船才刚刚启航。如果她没有遇难，此刻可能正坐在明亮的教室里面听老师讲课，也有可能正坐在咖啡厅里和朋友们聊天打趣，更有可能正坐在家里吃着妈妈做的饭菜，一家人其乐融融。而这一切却戛然而止。因为此刻的她正躺在冰冷的棺材里面，再也不能感受到这世间的任何美好与温暖。而更加令人气愤的是，此刻的凶手毫无悔意，甚至企图翻案、逃脱罪名，而他们所在的学校竟然以凶手成绩好为理由，请求法院减刑。

亲爱的姑娘，如果你了解事件的始末，你就能够知道人性的冷漠与恶毒能够到达什么样的程度，你就能够认知到，这个世界的确是有禽兽存在的。原本让家长最为安心的校园却成为自家宝贝的遇难所，而学校在案发后的第一反应不是保护遇难者，而是想尽办法封锁消息导致遇难者家属取证困难重重。亲爱的姑娘，如果当事人不幸是你，你的家人会有多么绝望，会有多么悲痛！而凶手却坚持说他和姚金易是男女朋友关系，女孩姚金易是自愿和他发生性关系的，因为事后害怕姚金易反悔，向老师报告，情急之下他才失手杀人。而更加令人心寒的是王祎哲家人的态度。在得知自己的儿子杀了人后，他们的第一反应不是忏悔，而是问姚金易的母亲：这事可以用钱来解决吗？而在得到姚母坚定的拒绝之后，王祎哲的家人再也没有联系过她，甚至在判决的阶段，王祎哲的家人都没有出现。

看到这里，你有没有觉得这样的情况似曾相识？拒绝认罪的凶手一家，还有苦苦寻求正义的受害人妈妈。没错，曾经轰动一时的江歌案也是这样，两个品学兼优的好女孩，都遭受了不同程度的残忍对待，而这一切，不是发生在某些特殊时刻，都是在不经意间突然来临。

亲爱的姑娘，这个世界上总是有很多你不愿意接受却也无可奈何的事情。善良的人们在遭受欺负并无力还击的时候总是告诉自己：善恶自有天报，天道总是轮回。但是，事实真的如此吗？即便真是这样，已经过世的人们又如何能够得知呢？已经失去的就再也回不来，那我们何不从当下出发，掌握好自己的安全细节，做好自己的安全负责人，把握好现在的每一天呢？

女孩面对异性的追求要擦亮双眼

爱情是什么？真正相爱的两个人到底该使用什么样的相处方式？这样的问题应该是每个少女成长路上都遇到过并思考过的问题。我认为，这是一个开放式的辩证问题，并没有所谓的标准答案，只有一些可供参考的衡量信息。生活在社会中的每个人因为不同的人生经历，对于同一件事情都会有着不同的观念。对于爱情也是一样，有的人认为爱情很美，有的人却认为爱情很苦，其实这一切并没有绝对的对错，只是各人的经历不同，得到的体验不同罢了。虽说对于爱情的定义并没有绝对的标准，但是面对异性的追求，我们却应该有一些最基础的意识。

面对异性的追求，我们应当学会理性思考。对于懵懂的少女来说，做到这一点也许并不是很容易，但是亲爱的姑娘，我们仍要努力让自己保持镇静并学会理性思考。有人说这样未免太过冷漠，也有人说青春就是要尽情疯狂，这样才会无悔。而我说，我们从不反对青春的热血与潇洒，也应该尽情享受青春所带来的一切美好。但是，亲爱的姑娘，拥有这一切的前提不都应该是确保自身的安全与健康吗？不论是在现实生活中还是在童话故事中，我们都已经看到了太多因为自身的疏忽而引发的悲惨，这一切都在提示着我们需要谨慎认真地对待"爱情"这把双刃剑。亲爱的姑娘，很多万分之一的小概率事件，发生在我们自己身上，就变成了一万，所以，很多时候，即便再感动，我们仍需学会理性对待。面对异性的追求，我们要学会辨别，分清真实与虚假，做出最正确的判断。

亲爱的姑娘，保持善良、与人为善体现了良好的教养，但这并不意味着心软和不会拒绝。从生物学的基因角度来说，从大自然的自然进化规律来说，人有七情六欲，自然也就意味着男生有对异性发起追求的生理与精神需求。青春年少的美好时光里，遇到异性的追求是一件很正常也很美好的事情，但凡事都有其发展的自然规律，也有需要注意的尺度和界限。面对心仪的异性追求自己，掌握好适当的分寸更有利于我们保护好自己，将爱情这棵小树苗悉心栽下，合理合规地进行滋养与保护；面对不喜欢的异性追求自己，我们更需要学会果断地拒绝。亲爱的姑娘，此刻并不是展现心软、释放善良的正确时刻，你一时的善良可能委屈的是自己的大半生时光，他所花费的金钱与渲染的浪漫都只是必要的投资与试探。任何的投资都会有相应的风险，这是每一个成熟的男人都懂得的道理，因此，亲爱的姑娘，如果这样的金钱与浪漫并不符合你的本心与真知，不必感觉到内疚与不安，果断地拒绝才是最直接、最善良的回复。

曾经，作为小女孩的我们听着完美的童话故事入睡，等到成年了，我们才知道，这个世界上并非都是完美。尽管我们并不愿意接受，但是我们必须承认：这个世界上的确存在恶魔，而这些恶魔最会利用的道具恰恰就是金钱与浪漫。在自然进化的生物链中，总是一物降一物。这个世上从来没有完美的物种，只有趋利避害的进化与发展。就像从前的爱意依靠书信来表达，而现在的表达主要依靠金钱去实现。亲爱的姑娘，并不是所有的异性追求都是不怀好意的欺骗，只是人心隔肚皮，在你还未有相关经历，未真实了解一个人之前，面对很多的可能，我们需要时刻保持谨慎。很多的金钱与所谓的浪漫并不能完全代表一个人的真心，这一切都应该同他所拥有的物质财富作对比。就如同只拥有100块的人愿意给你99块，和一个拥有1万的人只愿意给你100块，这两者之间表象类似，本质却相差甚远。因此，亲爱的姑娘，请你千万不要让所谓的金钱与浪漫蒙蔽住自己的双眼。金钱可以依靠自己的能力去赚取，浪漫也可以依据不同的环境去培养，所有的这一切可以成为我们选择爱情的参考条件，却不应该成为决定条件。依据自己的本心获得一份自己能够抓住的同等分量的爱情远远比虚无的浪漫主义和金钱主义要可靠得多，也安全得多。所以，亲爱的姑娘，面对异性的追求，请擦亮你的双眼，问清楚自己的内心，清楚你想要的爱情究竟是什么模样。请记住这一条任何行业都适用的真理：最贵的并不一定是最适合你的，而最适合的一定对你而言才是最好的。

参考文献

［1］子晨.致青春期女孩［M］.北京：北京理工大学出版社，2016.

［2］沧浪.女孩成长记［M］.北京：中国妇女出版社，2016.

［3］沧浪.成长的秘密：青春期女孩心理知识手册［M］.北京：中国妇女出版社，2015.

［4］章程.读懂青春期女孩［M］.北京：化学工业出版社，2015.